JN201646

モノ探し行動の心理学

佐々木 土師二

関西大学出版部

【本書は関西大学研究成果出版補助金規程による刊行】

はしがき

　ふだんの暮らしのなかで「さがしもの（探し物）」をすることが多いのを自分でも感じていましたが，この行動を心理学的に考えてみようと思ったのは，ごく小さな経験からでした。

　　友人のＮ君が携帯電話を失くして，それを探すのに苦労をしたということを話してくれました。

　　Ｎ君は大阪市の近郊に住んでいますが，その携帯電話を失くしたのは，京都市内のＫ大学で開催された講演会に行った日でした。電車を二つ乗り継いで，ほぼ１時間半をかけてＫ大学へ行きましたが，時間の余裕があったので，母校でもあるＫ大学キャンパスを 20 分ほど散策してから，会場の教室に入りました。約２時間の講演を聴いて，その後はまっすぐ帰宅の途についたのですが……

　　翌日，携帯電話を失くしていることに気づきました。

　　Ｎ君は，Ｋ大学で携帯電話を失くしたと思ったので，急いで「落とし物」の届け出がないか問い合わせましたが，そういう届け出はないという返事でした。利用した二つの電車の会社にも問い合わせましたが，同様の結果でした。ところが，近所の医院から，携帯電話を預かっているという知らせがあり，Ｎ君の「さがしもの」は幸運な解決を迎えることができました。つまり，自宅を出て電車に乗る前に，かかりつけの医院に立ち寄ったときに携帯電話を置き忘れていたのでした。

　このエピソードから，私は，２種類の探し方があることを示唆されました。

　一つは，失くした可能性が高いと思われる場所・区域に的を定めるという探し方です。彼が採ったのはこの方法でした。もう一つは，失くしたと思われる状況での行動を時間的順序で思い出し，その順序で探していくという方法です。彼は，ふだん行っている医院なので，その時の行動にはほとんど注意していなかったそうですが，その医院に問い合わせれば比較的簡単に解決していたとも思われます。

　この二つの探し方について，本書では，前者を「区域的方法」，後者を「継時的方法」と呼んでいますが，私たちが「さがしもの」をする場合の基本的な方向づけではないかと考えました。

　この経験がヒントになり「さがしもの」についてどんなアプローチができるかを考えようと思い始めました。そうして書きつらねた内容が『関西大学社会学部紀要』で「研究ノート」として 2018 年 10 月〜 2022 年 9 月の 4 年間に発表した次の 9 稿です：

① “モノ探し行動” についての小考：「ST ピラミッド型モデル」の提案．　2018 年 10 月（第 50 巻第 1 号）．
② “小さなモノ探し” の行動論的分析：“モノ探し行動” についての小考（2）．　2019 年 3 月（第 50 巻第 2 号）．

③ モノ探しにおける具体的行為とそのモデル化の試み：" モノ探し行動 " についての小考（3）． 2019年10月（第51巻第1号）.
④ モノ探しにおける呪術的方法：" モノ探し行動 " についての小考（4）． 2020年3月（第51巻第2号）.
⑤ 進行過程としてみる " モノ探し " の諸行為：" モノ探し行動 " についての小考（5）．2020年10月（第52巻第1号）.
⑥ モノ探し行動の包括的モデルと検討課題：" モノ探し行動 " についての小考（6）． 2021年3月（第52巻第2号）.
⑦ モノ探し行動における「効率」について：" モノ探し行動 " についての小考（7）． 2021年9月（第53巻第1号）.
⑧ モノ探し行動における状況要因：" モノ探し行動 " についての小考（8）． 2022年3月（第53巻第2号）.
⑨ 心理学的課題としてのモノ探し行動：" モノ探し行動 " についての小考（9）． 2022年9月（第54巻第1号）.

　本書はこれらの論述内容を再構成して成り立っています。

　" 再構成 " とは言え，本書の内容はこれら9稿の論述から大きく離れるものではありません。特に本書の第2章，第4章，第5章は上記の「研究ノート」の④，⑧，⑦をほとんどそのまま採り入れています。他の章でも，重複する部分や「思いつき」に近い形で書いた個所などは修正や削除をしていますが，本筋は変わっていません。

　ただ，本書の問題点は「モノ探し行動」（「さがしもの」としていない理由は本書の序章で述べています。）という，日常生活での " 些細な行動 " が心理学的課題としてどれほどの意味があるか，どれほどの研究的関心をひくかということです。この点については，私が消費者行動や旅行者行動に関して研究してきたという経歴から，人間の生活行動の一分野への探索的考察であるとして疑問の余地はありませんが，本書を読んでいただいた方々からのご指摘やご批判をいただきたいと思っています。

　さらに，本書の叙述にあたって用いた文献・資料が限定的であることを自覚しています。論述や考察のために図書・雑誌の専門的文献を広範囲には調べずに，インターネット検索で若干の資料を得ていますが，主に私が現在身近に置いている図書・資料を参照しつつ，私自身の知識と経験にもとづいて述べている内容が少なくありません。前記のように「研究ノート」として書いているところから，問題点や関心事を広く書き留めることに注意を向けており，そのため主観的な記述が見られ，いわばエッセイ風になっている部分があることを否定できません。

　それにもかかわらず，本書の出版を決定していただいた関西大学出版委員会，事務的な労をとっていただいた関西大学出版部に対して深く感謝する次第です。また，その出版手続きの過程で筆者を支援してくださった名誉教授・池田進先生，大学院心理学研究科教授・寺嶋繁典先生には特に謝意を伝えさせていただきます。さらに，

本書のベースになった9稿の「研究ノート」を掲載していただいた『関西大学社会学部紀要』とその関係者の方々にあらためてお礼を申し上げます。

　本書は，総じて，未開拓の研究的領域を"試掘"するレベルのものだと言えるかもしれませんが，ありふれた日常生活での行動を心理学的研究課題にすることができるという理解を広める素材になることを願っています。

　2024年8月

佐々木 土師二

目　次

「さがしもの(探し物)」と「モノ探し行動」

われわれはふだんの生活でしばしば「さがしもの（探し物）」を行っているが，その行動面を「モノ探し行動」と呼んで，心理学的に考察したい。最初に「モノ探し行動」の意味を説明し，その実状を若干の調査データからうかがうことにする。

(1) 「さがしもの」について考える理由

　特に高齢者の日常生活での経験的事象として，落とし物，忘れ物，失くし物（無物）等の頻発に伴い，それらを“探すこと”つまり「さがしもの（探し物）」のための時間とエネルギーの投入が増え，それがある種のストレスの原因として無視できなくなっているように感じる。高齢者では，“物忘れ”の進行とともに「さがしもの」が日常茶飯事になっていると言ってもよい。ただ，それが“健常者”を自認する人にとっても精神的健全さに対する自信を低下させているところもあるように思われる。

　こうした落とし物，忘れ物等の原因は，当事者の資質だけでなく，種々の状況的・環境的な条件が関連していると推測され，その究明は精神医学，認知心理学，社会心理学，脳科学等の課題になるはずであるが，“些細なさがしもの”から“重大なさがしもの”まで広範囲にわたる複雑多岐な原因を説明することは，相当な難問であるように憶測される。

　本書では，そうした“原因”には近づかず，その“結果”として生じる「さがしもの」を心理学的に考えることによって，その特徴をいささかなりとも明らかにしたいと思う。

(2) 「さがしもの」の概念と「モノ探し行動」の意味

　ごく身近な語句ではあるが「さがしもの」はどのように理解されているのだろうか。

　とりあえず，わが国の代表的な辞書における説明によって，その概念を理解したいと思う。しかし，この「さがしもの」という言葉があまりに日常的な用語であるために，それらの辞書でも，同語反復的な説明にとどまっているのはやむを得ないところであろう。

　まず『広辞苑』（岩波書店）では，「さがしもの（捜し物，探し物）＝目的の物や紛失物などをさがしもとめること。また，その物。」とされており，これとほぼ同じ記述が『精選版　日本国語大辞典』（小学館）や『角川国語辞典』（角川書店）でも見られる。つまり「探す」という"行為"と"その対象物"の両方を意味しており，日常では使い分けられていることを示唆している。ただ，『日本語大辞典』（講談社）は「さがしもの（探し物，捜し物）＝見失ったものをさがすこと。」と，"行為"だけを指しており，"対象物"については触れていない。

　そして，これらの辞書のすべてで「ものさがし（物探し，物捜し）」という用語は見出せない。しかし「さがしもの」の"対象物"でなくて"行為"の側面に注目するならば，それは「ものさがし」と言うのが妥当ではなかろうか。その点で『日本語大辞典』では，むしろ，そうするのが適切なのではないかと思われる。

　こうして，本書では「ものさがし」という言葉を意識しつつ，"対象物"ではなくて"行為"に焦点を当てるという目的から，あえて「モノ探し行動」と表現することにしたい。

　他方で「さがしもの」は生活行動としての位置づけが明確になされているとは思われず，過去の生活行動分類や生活時間調査の項目としては取り上げられていない（佐々木, 2003）。わが国の最近の調査でも，総務省統計局『社会生活基本調査報告』やNHK『国民生活時間調査』などが生活行動分類を体系的かつ詳細に行っているが，「さがしもの」は項目化されていない。

　ただし総務省調査の調査票Bでは詳細行動分類の小分類90項目のなかの

「214 住まいの手入れ・整理」の内容例示の一つに「探し物をする」が記載されているので，この小分類項目 214 を通して，中分類「21 家事」⇒大分類「2 無償労働」に含まれることになるが，「探し物をする」だけのデータを得ることはできない。また，NHK 調査では小分類 28 項目のなかの「その他」に含まれている可能性はある。

(3) 公的データに見る「モノ探し行動」

　日本国民のモノ探し行動の頻度や投入時間の全貌について数量的データを示すことは不可能であろう。それは，モノ探し行動には，家庭内の居室や職場のデスクなどで見られる「小さなモノ探し」が圧倒的に多く，そうした「小さなモノ探し」までをデータ化することはできないからである。

　その点で，氷山の一角だろうが，警視庁『遺失物取扱状況』のデータは貴重である。そのインターネット発表（2018 年 3 月 9 日更新）では，警視庁管内（東京都内）での平成 29・28 年における拾得届と遺失届の受理状況について次のデータを示している：

	[平成 29 年]		[平成 28 年]	
	拾得届	遺失届	拾得届	遺失届
件数（千件）………	3,958	1,020	3,832	1,000
現金（百万円）……	3,749	8,344	3,673	8,257
物品点数（千点）…	4,232	2,291	4,019	2,149

　件数および物品点数では遺失届は拾得届よりもはるかに少ないが，現金（金額）では遺失届の方がはるかに多い。（ここから，失くしたモノに対する遺失者＝探し手の関与度，あるいは拾得者＝拾い手の態度について，想像をたくましくすることができるかもしれない。）そして「モノ探し」に関連する拾得物の処理状況（点数，平成 29 年）では主な物品について次のデータを示している：

	拾得届（百点）	遺失届（百点）	遺失者返還率（％）
証明書類…………	7,019	9,618	73.3
有価証券類………	5,252	2,021	29.4

衣類履物類………	4,841	505	3.8
財布類………………	3,583	3,874	64.5
かさ類……………	3,325	59	0.9
かばん類…………	1,675	952	31.2
携帯電話類………	1,538	2,471	82.6
電気製品類………	1,474	370	10.0
貴金属類…………	999	139	4.7
カメラ眼鏡類……	915	161	5.2

　ここで，遺失届と遺失者返還率は，遺失者がモノ探しを行ったということを部分的にでも表していると思われる項目であるが，遺失届が拾得届よりも多数なのが証明書類，財布類，携帯電話類である。これら3物品は返還率が特に高いものであり，遺失者のモノ探しが熱心であることを推測させる。（ちなみに，現金では，金額ベースの遺失者返還率は73.2％で，拾得者引渡し13.6％，都帰属12.9％である。）他方，返還率が10％以下の物品はかさ類，衣類履物類，貴金属類，カメラ眼鏡類，電気製品類などである。

　ただ，われわれがモノ探しを行う場合，一般的に，紛失の状況やその物品を警察に届け出ることは稀ではなかろうか。このことは，どうしても探し当てたいという気持ちを強く持つことは，特定の物品（証明書類，財布類，携帯電話類）や現金を除けば，それほど多くないことを意味しているだろう。

　そのことを表すデータが，内閣府政府広報室が平成28年10月～11月に行った『遺失物に関する世論調査』（全国18歳以上の日本国籍を有する者3000人を対象とし，その60.1％に当たる1804人から有効回答を得た，調査員による個別面接聴取。）で報告されている。その調査では「傘，衣類，ハンカチなど，値段が安くて大量に流通している物を落とした場合（"小さな落とし物"と略記。）」と「運転免許証，財布など，値段が安くて大量に流通している物以外の物を落とした場合（"大きな落とし物"と略記。）」という2ケースについての対応を4項目で示し，複数回答を得ているが，その結果は次の通りである：

	小さな落とし物	大きな落とし物
警察署又は交番・駐在所などに問い合わせて遺失届を提出する	…… 14.6%	91.1%
心当たりのあるお店，駅などがある場合，その施設に問い合わせる	…… 50.4	70.6
警察がインターネット上で公表している落とし物の情報を閲覧する	…… 3.1	9.6
特に探さないであきらめる	…… 49.6	1.1

このデータは"小さな落とし物"と"大きな落とし物"との間で「警察署などに遺失届を提出する」と「探さないであきらめる」という対応に大きな差があることを明らかにしている。つまり，遺失者から遺失届が出されるのは，ほとんどが"大きな落とし物"に限られている。"小さな落とし物"の場合には，「心当たりの施設に問い合わせる」か「あきらめる」が多いので，日常的にはよくあることだが，モノ探しの公的データにはまず表れないだろう。ただ，このデータは"小さなモノ探し"では「探さないであきらめる」という選択肢が有力であることを示している。

(4)「モノ探し行動」についての心理学的関心

日常生活で"モノ探し"はわれわれの誰もが経験することで，あまりにも"ありふれている"という感じさえする。そして，"些細な行為"であり，また"後ろ向きの行為"と言うことができるかもしれない。しかし，そうした理由で"モノ探し"を研究的課題から除くことはできない。人間の精神的活動や行為はどんなものでも「心理学的」課題になり得ると考えるべきであろう。

"モノ探し行動"が認知心理学的課題であることは間違いない。それは「記憶をよみがえらせつつ問題解決をする」という行動である。その実行では，いくつかの行為の選択肢のなかで「探し当てる」可能性が高い行為を選択し，それで成功しない場合には次の選択肢に期待したり「中止」を決定するという，一連の活動が見られるだろう。合理的な洞察で方向づけられることもあれば，試行錯誤を繰り返すこともあろう。その時の記憶・思考・学習・意思

決定等の過程は面白い研究テーマになるに違いない。

　また，その問題解決には責任感や焦燥感，あるいは達成感や失望感を伴っていることも多い。他人を巻き込んだ協同作業になることもある。その時の態度や感情などにも関心を持つことができる。

　他方，このように心理学的研究課題として“モノ探し行動”を見るのでなく，ありふれた“生活技術”としてとらえる視点もある。しかし，本書では，この生活技術の問題（たとえば「賢い探し方」のような実践的手法.）については踏み込まないつもりである。

第 1 章

モノ探しの具体的行為

「さがしもの（捜し物，探し物）」という語句には「探す物」と「物を探す行動」という二つの意味があるが，後者の " 行動 " の面を「モノ探し行動」と呼んでいる。本章では，その行動に含まれるさまざまな行為を拾い出し，その整理を行いたい。そして，その現象面に関して若干の部分モデルを構成し，あわせて「モノ探し行動」の基本的性質を表す全体モデルを提案する。

I 「モノ探し行動」の具体的行為のリストアップ

1 モノ探しの具体的行為の収集

　モノ探しの具体的行為を知る方法には，探し手の実際の行動の追跡観察，質問紙等による最近の経験の記憶の再生，あるいは，モノ探しの状況を仮設した模擬実験などが考えられる。もちろん，文献等で資料として報告されたものがあれば，それを利用することもできよう。

　しかし，筆者が採用したのは，インターネットで比較的多くのサイトに発表されている「探し物の方法」に関する資料情報である。それは，インターネットでまず「さがしもの」について検索し，「探し物を見つける方法」のカテゴリーのなかにある種々のサイトから，" 探し物の具体的方法を項目化して列挙しているサイト " に着目するという方法である。その際，掲出されている行為項目の " 数 " や " 内容 " が多岐にわたるように下記の 10 サイトを選び，それらの具体的行為をリストアップした。

　　（注）ちなみに「探し物を見つける方法」というカテゴリーのなかには，" まじない "
　　　や " 占い " などの呪術的方法を述べているサイトも多数あるが，第 2 章ではその情
　　　報を分析している。

7

収集のために利用したインターネット・サイト

　　※ 2018 年 12 月 1 ～ 15 日確認。本書刊行時にはサイトが消滅しているもの，セキュリティに問題のあるサイトが含まれます。

A :　失くした物を見つける方法。
　　　　https://www.wikihow.jp

B :　探し物がみつからないのはなぜ？　探し方のコツ。
　　　　https://mindhacking.xyz//tips-to-find-something/

C :　探し物（鍵など）を見つける効果的な方法。10 のステップで着実に探す。
　　　　https://minimalist.com//how-to-find-lost-objects

D :　これで見つかる！　探し物を効率的に探すための 5 つの方法。
　　　　https://sig-sig.com/sagasimono-kourituteki-sagasu-houhou-1361

E :　落し物，なくしたものを確実に見つける探し方。
　　　　https://matome.naver.jp/odai/

F :　探し物がみつからない…　見つける合理的な方法がある。
　　　　https://self-esteem.hatenablog.jp/entry/2018/04/14

G :　ほぼ 100％！探し物が見つかる最強マニュアル！見つける方法・コツからおまじないまで大公開。
　　　　https://maiuma.com/perfect-guide-to-finding-lost-objects/

H :　探し物が家の中で見つからない！見つけるコツは？
　　　　https://oyakunitatemasu.net/sagashimonoie/

I :　探し物のプロが教える失くし物の探し方。
　　　　https://tanteitalk.com/pet/nakushimono/

J :　家の中で探し物を見つける 3 つのコツ！
　　　　https://www.ihin-fundex.com/find-lost-objects-in-the-house

　こうした収集の結果から得られた「モノ探しの具体的行為」をサイトごとに記載順に従って列挙したのが表 1-1 である。この表 1-1 では各サイトに上記の記号名称に従って **A ～ J** を付しているが，最初の **A ～ C** には行為項目の"数"が多い（10 項目以上の）サイトを，他方，最後の **H ～ J** にはそれが少ない（4 項目以下）のサイトを配置している。これらの 2 サイト群の間にある **D ～ G** の 4 サイトは行為項目数が中間的なものになる。そのうえで，具体的行為のリストを通覧したところ，その内容が「モノ探し行動」の「行為の

実施・遂行」に関するものと「意欲の喚起・保持」に関するものとに大別できると判断して，この2分類に即した表示形式を採っている。（項目番号は記載順である。項目の意味が漠然としているものはカッコ内に小文字で内容を補足している．）

表 1-1　モノ探しの具体的行為のリスト：インターネットの 10 サイトから作成

	モノ探し行為の実施・遂行	モノ探し意欲の喚起・保持
A	方法2：失くしたものを探す 2-1　いつも置く場所を探す。 2-2　片づける。 2-3　計画的に探す。 2-4　普通では考えられない場所も探す。 2-5　しっかりと見る。 2-6　ポケットを確認する。 2-7　クルマの中を探す。 2-8　（失くした状況で）自分の行動をやり直す。 2-9　（失くしたことがある）同じ場所を探す。 2-10 行った場所に電話をかける。 2-11 別の視点から探す。	方法1：落ち着く 1-1　深呼吸する。 1-2　気持ちを落ち着かせる。 1-3　前向きに考える。 1-4　具体的に考える。 1-5　自信を持つ。
	（　方法3：失くさないようにする　［省略］　）	
B	4　最初思い浮かんだところを探す。 5　最後に使ったところを思い出す。 6　目の前を探してみる。 7　一度探したところを再確認する。 8　少しずつ過去へ記憶を戻してその時の行動を実際にしてみる。 9　視野を広げて探してみる。 10　探し物に呼びかけてみる。 11　探し物は誰かが持っているかも？ 12　どうしても見つからない時，キッパリ諦める。	1　すぐには探し始めない。 2　探し物は必ず見つかると信じる。 3　まずお茶を飲んで冷静さを取り戻す。
C	3　最後に使ったのはいつか思い出す。 4　ありそうな場所をリストアップ。 5　ありそうな場所を順番に落ち着いて探す。 7　ありそうにないが，可能性としてあるかもしれない場所を探す。 8　他の人が持っているのではないか。 10　それでも見つからなければ断捨離の出番。	1　まず落ち着く。 2　頭の中をクリアにする。 6　探すときは偏見を持たない。 9　休息を取り入れ脳を休める。

D	1	もう一度，最初に探した場所を探す。		
	2	最初に探した場所の周辺を探す。		
	3	失くした物を言いながら探す。	4	冷静になって記憶を整理する。
	5	（家でなく）外出先にある可能性も探る。		
E	1	失くした当日と同じ行動をとりながら思い出す。		
	2	一番可能性の高い場所では，特に慎重に周りを見渡す。	3	とにかく　先入観をなくする。
		‥‥‥‥‥‥‥‥‥‥‥‥‥‥‥‥‥‥‥‥‥‥‥		
	①	失くしたと思われる場所に立つ。		
	②	落ちているかもしれない場所を30個くらい書き出す。		
	③	失くした物の名前をつぶやき続ける。		
	④	「失くした物」ではなくて「失くした物が見つかる可能性のある場所」を見つけるように心掛ける。		
F	2	俯瞰し探すエリアを決める。（確率が高い場所を優先する。）	1	まずは騒がずに落ち着く。
	3	そのエリア内をよく探す。（徹底的に探し「再度ここを探す必要はない」という確信を持つ。）		
	4	複数回探す無駄をなくす。		
	5	きわめて確率の低いエリアは除く。		
G	1	まずは冷静に行動を振り返り，同じ行動をする。		
	2	目だけでなく，五感をフルに使う。		
	3	丁寧に拭き掃除しながら探す。	4	イライラしたら休む。
	5	何周もする。一周で見つかるとは限らない。		
H	2	家の中で同じ行動をして思い出す。（同じ行動をしつつ周辺を探す。）	1	まずは1回落ち着き，冷静になる。（先入観を捨てる。）
	4	もう探したからと諦めずもう一度探してみる。	3	いったん探し物をやめて気分転換をする。
I	*1*	*自分の行動を逆算していく。*		
	2	リストを書き出す。（失くした可能性が高い場所から順に）		
	3	一番なさそうな場所から探す。		
J	1	失くした時の状況を思い出す。		
	2	（家の中で）探し物がありがちな場所を知っておく。		

（注）「モノ探し行為の実施・遂行」に関する51項目を3区分し，"探索区域（場所）"に関する29項目は**ゴシック体**で，"探索時間"に関する3項目は*イタリック体*で，"区域と時間の両方"に関する8項目は**明朝体太字**（下線付き）で，示している。この3区分に該当しない11項目は明朝体普通文字で示す。

　ここに表示した項目数は全部で延べ69であるが，この2分類によると，「行為の実施・遂行」に関する項目数が圧倒的に多く，51（74％）に及んでいる。他方「意欲の喚起・保持」に関する項目数は延べ18にとどまる。そこで推測されるのは，これらのサイト情報で，その出典・引用先を記載しているのはサイトＡだけなので，他の9サイトにはブロガーの経験が整理されて記載されているケースが多いものと思われ，その際，「モノ探し」の"促進"に結びつく行為に自ずと注意が傾いているのではないかということである。その結果「行為の実施・遂行」に関する情報には，「モノ探し」で実際に行われている行為が反映されているものと考えられる。

　そのため，本章での以下の記述・分析は，まず「行為の実施・遂行」に関する51項目を中心に行うことにしたい。

2　モノ探しの具体的行為のリストにもとづく若干の分析
(1)　探索区域と探索時間

　モノ探しの「行為の実施・遂行」に関する51項目のうち延べ29項目（59％）は「探索区域（場所）」についてのものである。これらの項目は，表1-1内でゴシック体で示している。他方，「探索時間」については，3項目（B8, C3, I1）だけであり，これらはイタリック体で示している。「区域と時間の両方」を表していると思われるのが8項目あるが，これらは明朝体太字（下線付き）で示している。つまり，探索区域か探索時間に関連する行為が40項目（78％）を占めている。（これらの3区分のどれにも該当しないと思われるものが11項目あり，明朝体普通文字で示した。）

(2)　行為項目の内容分析

　次いで，モノ探しの「行為の実施・遂行」に関する51項目を内容の意味の類似性にもとづいてカテゴリーに分ける。各カテゴリーには，それを構成する項目の意味を表す短文をつけ，該当する項目のサイト記号およびサイト内番号を記す。

① 「ありそうなところ」「発見の確率の高い場所」など，発見可能性の高い区域を探す……（14 項目）A2-1，A2-10，C4，C5，C7，E2，E ①，E ②，E ④，F2，F3，F5，I2，J2．

② 「失くした時，最初にしたことを思い出し，そのことを行う」……（4 項目）A2-8，B4，E1，G1．

③ 「失くした時，最後にしたことから始める」……（3 項目）B5，C3，I1．

④ 「失くした時の状況を思い出し，それと同じ行動をする」……（4 項目＋［②の 4 項目］）A2-9，B8，H2，J1．
　　［②の 4 項目もこの意味を含んでいる．］

⑤ 「手近なところを探す」……（3 項目）A2-6，A2-7，B6．

⑥ 「視野を変えて探す」……（4 項目）A2-4，A2-11，B9，I3．

⑦ 「一度探したところを再確認する」……（5 項目）B7，D1，D2，G5，H4．

⑧ 「じっくり探す」…（4 項目）A2-5，F4，G2，G3．

⑨ 「失くした物をつぶやきながら探す」……（3 項目）B10，D3，E ③．

⑩ 「外出先にある．他人が持っているかもしれない」……（3 項目）B11，C8，D5．

⑪ 「探すのをやめる」……（2 項目）B12，C10．

⑫ その他〈カテゴリー化しにくい 2 項目〉……A2-2「片づける」，A2-3．「計画的に探す」．

　ところで，具体的行為リストのほとんどは "小さなモノ探し"（序章参照）での行為を示したものだと考えられる．A，C，D，E，H，I では，そのことがリストの説明文から読み取れるし，B，G でも示唆されている．具体的行為の表記それ自体でも，たとえば　A2-1，A2-2，A2-6，G3，H2，J2 などは "家の中" を意味している．このように見ると，本章の表 1-1 で示し，さらに若干の分析を施した「モノ探し」の具体的行為のリストは，日常的な「モノ探し」の実際を相当程度とらえていると言えるだろう．

⑶　具体的行為リストにもとづく「モノ探し」の 3 段階

　「モノ探し」の具体的行為を列挙したサイト情報で，それらのリストにおいて「モノ探し」の進行を表す "行為系列" を構成する意図を示していたのは 2 サイトだけであった．A には "手順" という説明があり，C では "ステップ" という表現がタイトルで用いられていた．ただ「失くした時，最初にしたことを思い出し，そのことを行う」という項目を A 以外で遂行行為リストの最初に挙げていた 4 サイト（B，E，G，H）では，少なくとも，「モノ探

し」の開始の仕方については意識しているのであろうが，その後の行為については"系列"を意識している気配は見られない。残りの4サイト（D，F，I，J）では，すべての行為が並列的に描かれていると理解される。

こうしたなかで，上記のようにカテゴリー化したモノ探しの「行為の実施・遂行」の具体的行為を"モノ探しの進行"を表すように整理してみると，差し当たり，次の3段階を想定することができよう：

1. **開始**（カテゴリー①〜④，A2-3.）
　　↓
2. **探索**（カテゴリー⑤〜⑨，A2-2.）　　この「**探索**」は"探索地点内行為"を意味している。
　　↓
3. **終了**（カテゴリー⑩⑪。）

この3段階は「モノ探し行動」の過程を大まかに表しており，その行動の全体像を考察する手がかりを与えてくれるものになる。（進行過程については，第3章で詳しく検討する。）

3 「モノ探し意欲の喚起・保持」に関する行為の分析

インターネットで収集した"モノ探し"の具体的行為のリスト（表1-1）のうちで，これまで分析してきたのは「モノ探し行為の実施・遂行」に関するものに限られ，「モノ探し意欲の喚起・保持」に関しては触れていなかった。そのため，ここで「意欲の喚起・保持」に関する18項目から知り得る次の点を留意しておきたい：

(a) これらの項目は，前述した"モノ探しの進行"を表す3段階（ 開始→ 探索→終了）のうちの"開始"と"探索"に主に関連しているが，なかには3段階のすべてに関連すると思われる表現も見られる。

(b) これらの項目の内容は「前向きに。自信を持って。先入観なく。」というような"ポジティブ（positive）な態度"を表すものと，「落ち着いて。冷静に。休みながら。」という"クール（cool）な態度"を表すものとに大別される。

この留意にもとづいて，表1-1のリストに示されている18項目を再整理したのが表1-2である。

表 1-2　「モノ探し意欲の喚起・保持」に関する 18 項目の分類
（ゴシック体の項目は他の段階にも関連するもの。）

関連する段階 ＼ 内容の意味	ポジティブな態度		クールな態度	
主に "開始"	A1-3	前向きに考える。	A1-1	深呼吸する。
	A1-4	具体的に考える。	A1-2	気持ちを落ち着かせる。
	A1-5	自信を持つ。	B1	すぐには探し始めない。
	B2	**探し物は必ず見つかると信じる。**	**B3**	**まずお茶を飲んで冷静さを取り戻す。**
			C1	まず落ち着く。
			C2	頭の中をクリアにする。
			D4	**冷静になって記憶を整理する。**
			F1	まずは騒がずに落ち着く。
			H1	**まずは 1 回落ち着き，冷静になる。（先入観を捨てる。）**
主に "探索"	C6	探すときは偏見を持たない。	C9	休息を取り入れ脳を休める。
			G4	イライラしたら休む。
	E3	**とにかく，先入観をなくする。**	**H3**	**いったん探し物をやめて気分転換をする。**

　この表 1-2 では，各項目を主に関連する段階が「開始か，探索か」で分けているが，"3 段階のすべてに関連する" と思われるものもあり，それらは**ゴシック体**で示している。また，その内容を「ポジティブな態度か，クールな態度か」という 2 区分でとらえているが，どちらかに区分することが無理な項目もあえて分類している。この特性は「モノ探し行動」における基本的特徴の一つであると考えられる。

4　具体的行為のデータ収集でのインターネット利用の問題

　今日では日常的情報のみならず学術的情報の収集におけるインターネット利用はごく一般的な手段になっている。本書の序章でも参考文献である公的統計・調査データをインターネット発表に依存していた。本章での具体的行為データもインターネット・サイトに発表されている「探し物の方法」に関する記事から得たもので，各開設者によって整理された簡潔で基本的な内容

を比較的多岐にわたって短期間に得ることができた。その収集方法の有効性は認められるだろう。

　ただ，表1-1からうかがえるように，このデータでは具体的項目の"数"にサイト間で大きな違いがあった。それは，コンテンツの作り方でどれだけ詳細に描くかという点で差があるからだが，多数意見を採用するという投票方式ではないにしても，たとえば，行為の"経験頻度"で一定レベルを超えるものをデータ化するというような検討が必要になるかもしれない。

　また，サイト間の"独立性"については確認することができない。開設者が他のサイトのコンテンツを見て自分の書き込みをするということがあることも想定される。本章でのデータ処理のように，具体的行為のリストを作るだけの場合にはあまり影響がないと思われるが，行為の強弱や広がりなど"程度"を把握する際には，この点のチェックが必要になるだろう。

　さらに，本分析でのデータ収集先は10サイトにとどまっているが，その"数"が適当か否かという問題がある。ただし，サイト数を増やすことがどれほど有効かは分からない。この点は分析目的が何かという問題との関連で，考慮すべき事柄ではなかろうか。また，行為の内容では「モノ探し」の"実施・遂行"面に多くの項目が集まった。この種の行為がモノ探しの"主役"であって多様であることは否定できないが，こうした一種の偏りはモノ探しの遂行の実状を反映しているか否か，その収集方法を含めて検討することが必要であろう。

Ⅱ　モノ探しの行動モデル

1　モノ探しの行動モデルの作成の試み

　前節の表1-1にリスト化されている「モノ探し」の"具体的行為"は，主に"小さなモノ探し"に関するものであると述べたが，その内容は「行為の実施・遂行」に関する項目が多数（74％）を占め，さらにその多く（40項

目，78％）は探索区域か探索時間に関するものであった。このデータによれ
ば，モノ探しの実行に関して探索区域と探索時間という要因が特に大きな意
味を持っていることがうかがわれる。

　このことをふまえて，“具体的行為”レベルでの「モノ探し行動」に関し
て，多少なりとも体系的な知見を得たいと思う。その一つの手段として，本
節では，モノの“探し方”に関する行動モデルの作成を試みたい。そのモデ
ル構成には，二つの方向がある。一つは，具体的行為の内容をできるだけ反
映するような「部分モデル」を構成することであり，もう一つは，それらの
内容を包含するような「全体モデル」を構成することである。

　本節では，最初に「部分モデル」の構成を試み，次いで「全体モデル」の
構成を試みたいと思う。

2　「モノの探し方」を具体的に表す部分モデルの構成

　表1-1の具体的行為リストにもとづいて行った前節Ⅰ-2での「行為項目の
内容分析」では，モノ探しの「行為の実施・遂行」に関する51項目を①〜⑫
のカテゴリーに分類したが，それらは，さらに，次のように区分できる：

　ⅰ．失くした物を発見できそうな地点・場所（注：本稿では「探索地点」と呼ぶ。）に近
　　　づく“方略”を意味するカテゴリー（①〜④）．
　ⅱ．失くした物を発見できそうな探索地点のなかで行う“所作・動作”を意味するカテ
　　　ゴリー（⑤〜⑨）．
　ⅲ．探す行為をやめることを意味するカテゴリー（⑩⑪）．
　ⅳ．その他（⑫）．

　このうち“探し方”について述べているのはⅰ．とⅱ．である。ⅰ．は「モノ
探し」の探索地点への“接近”の仕方を，またⅱ．は「モノ探し」をする“個
別の探索地点内での行為の形（所作，動作）”を表している。これら2タイ
プの行為の間には，自ずと，目的や形態の違いがあるので，それぞれでモデ
ルを作成したい。そして，ⅰ．に関しては「接近方略モデル」，ⅱ．に関しては
「探索地点内行為モデル」と称することにする。

⑴　接近方略モデル

　このモデルは，「モノ探し」を始めるにあたり，どの探索地点へ行くかという方向づけをする"方略"を選ぶ行為を位置づける枠組みである。

　そうした意図で上記の区分のなかの i. に含まれる①〜④のカテゴリーを見ると，そこには次の2タイプがあることが分かる：

（ia.）　失くした物が発見できる可能性が高い地点・場所（探索地点）に選択的に着目する（カテゴリー①）。

（ib.）　失くした時の状況を思い出し，その時の行動の順に探索地点に着目する（カテゴリー②〜④）．

　ここで，「探し方」の"接近方略"には二つの方法があることが分かる。そこで，前者（ia.）のタイプ「探索地点そのものへの選択的着目」を**区域的方法**と呼び，後者（ib.）の「探索地点への行動順の設定」を**継時的方法**と呼ぶことにしたい。この二つの接近方略は，一般的には同時に行われることは考えにくいことが前項Ⅰ⑵で述べた内容分析から示唆されるが（行為項目として両方を挙げているサイトは**E**だけである．），常に背反的であるとは考えにくい。探し方の選択は迷いながら弾力的に行われるであろうし，途中で変更されることも想定される。

　そこで，この「接近方略モデル」は，静態的な印象を与える2次元空間モデルではなくてフローチャートで描くのが適当であると思われる。そうして作成されるのが，図1-1である。

　この接近方略モデルは「探し方の基本的方法は区域的方法か，継時的方法か」という選択段階から始まっているが，その二つの方法から一つが選択される理由や条件については分析すべき課題が多々あるだろう。同様の課題は，これから「モノ探し行動」について論述する本書の種々の局面で現れることが予想されるが，筆者の姿勢は，モノ探し行動の現象論的記述に努めたいところから，それらの行動の成立の根拠やメカニズムの分析には及ばないことをお断りしておきたい。

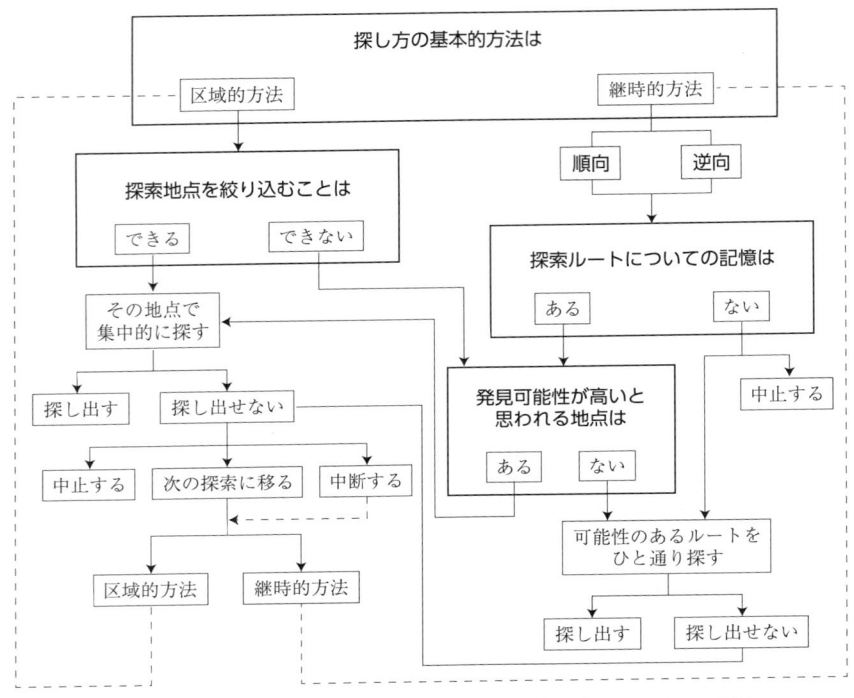

図 1-1　モノの探し方に関する「接近方略モデル（フローチャート）」

（注）「区域的方法」は，紛失した可能性の高い場所・経路などを想起し，その区域を集中的に探す方法．
　　　「継時的方法」は，紛失した可能性の高い状況を時間的順序に従って想起し，その順序で追跡する方法．

(2)　探索地点内行為モデル

　モノ探しをする地点・場所内での探索行為の特徴は前項Ⅰ-2で示した3段階のなかの「2.探索」の内容からうかがうことができる。つまり，カテゴリー⑤〜⑨は，モノ探しの"現場"での行為を表しているが，それらは2区分され，カテゴリー⑤「手近なところを探す」は"探索範囲"を，またカテゴリー⑥〜⑨は"探し手の取り組み態度や所作・動作"を意味している。そして，これら2行動群（クラスター）は相互独立的であるので，その特徴に着目した2次元空間モデルを作ることができる。

そこで，第1軸（タテ軸）には次の特性を設定する：

手近なところを探す　◀━━━━━▶　広範囲に探す

　他方，第2軸（ヨコ軸）には，概して"慎重な探し方"や"注意深い探し方"を意味するカテゴリー⑥〜⑧に着目するとともに，それと対照的な意味の行為を設定する：

じっくり探す　◀━━━━━▶　手早く探す
（慎重に探す／深い探し方）　　　（安直に探す／浅い探し方）

　こうした考えから作成されるのが，図1-2である。図内のⅠ〜Ⅳの各象限には「探し方」の特徴を表す短文を記入しているが，これらは例示的なものであり，別のフレーズを用いることもできよう。

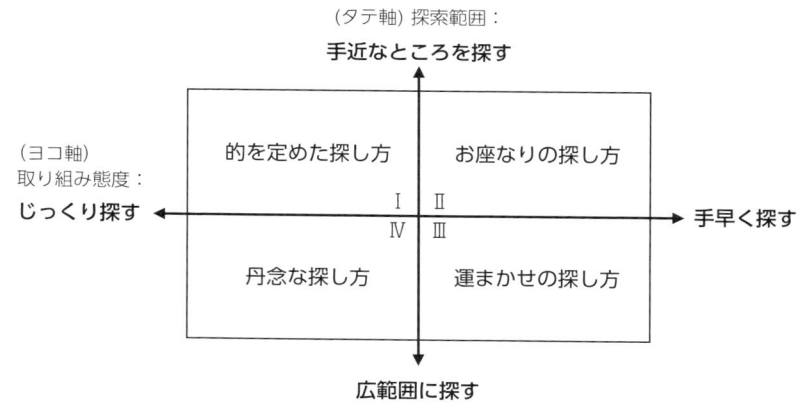

図1-2　モノの探し方に関する「探索地点内行為モデル」

⑶　「モノの探し方」のモデルの提案

　本節では，「モノの探し方」に関する部分モデルとして二つのモデル，「接近方略モデル」と「探索地点内行為モデル」を提案した。その際，前者はフローチャートで，後者は2次元空間図式で構成しているが，それぞれの目的に適合したモデル構成法を採用したつもりである。以後の各章におけるモデル構成も同様の姿勢で臨みたいと考えている。ただ，ややもすれば「2次元

空間モデル」を描くことが多いが，他の形の図式も適宜採用したいと考えている。

　ところで，これら二つのモデルは，異なる行動的位相（段階）を扱っていると考えられ，位相1（開始段階）には接近方略モデル，位相2（探索段階）には探索地点内行為モデル，を適用することができる。これらのモデルが「モノ探し行動」の実証的研究へのヒントや手がかりとなって，その促進に寄与できることを期待している。

3　「モノ探し行動」の全体モデル

(1)　モノ探しの基本的方法

　われわれの“モノ探し行動”の目的は「探しモノ（対象物）」を見出すことであるが，そのための探し方には，探す場所の当たりをつけ，その場所で何をしたかを思い起こそうとする場合（区域的方法）と，そうした場所が浮かんでこないためにモノを失った状態に至るまでの一連の足取りを思い起こし，その時間的系列のなかで紛失の可能性の高い状況や場所を順番に結びつける場合（継時的方法）がある，ということを本項Ⅱ-2で述べていた。整理すると次のように表現できる：

　　① 区域的方法……紛失した可能性の高い場所・経路などを想起し，その区域を集中的に探す。
　　② 継時的方法……紛失した可能性が高い状況を時間的順序に従って想起し，その順序で追跡する。

　この二つがモノ探し行動の始め方の基本であると考えて「接近方略モデル」（図1-1）を描いているが，どの方略が採られても，その目的は「できるだけ探索区域を絞り込んで，短い探索時間で完了したい」ということである。したがって，われわれのモノ探しは，探索区域と探索時間を中心に展開されることになる。そこで，モノ探し行動全体の主たる特徴を「探索区域が，広い〜狭い」，「探索時間が，長い〜短い」という2次元で表すことができるだろう。さらに，この2タイプの特徴は組み合わさって個別的な“モノ探し行動”になるので，それを図式的に表せば図1-3に示す2次元空間で描かれる：

この図式は，主たる特徴が空間的要素（Space と略称.）と時間的要素（Time
と略称.）の組み合わせで構成されているので，各要素の英字略称のイニシャ
ルである "S" と "T" を採り入れて，「ST2次元空間モデル」と呼ぶことにする。

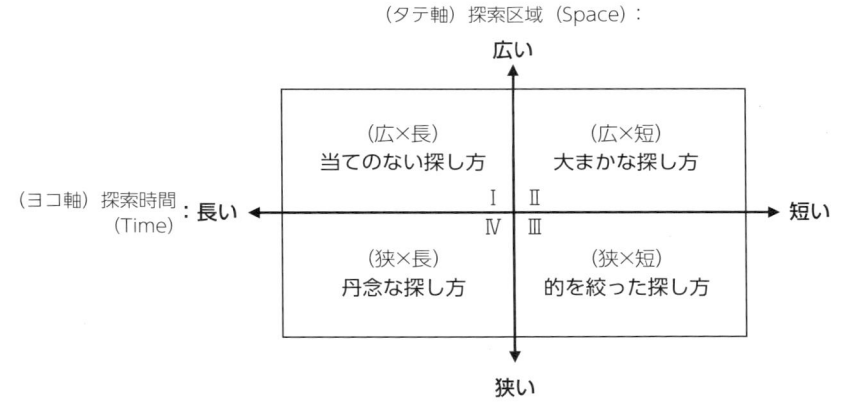

図 1-3　モノ探し行動の ST2 次元空間モデル

このモデルからはモノ探し行動の典型的な形として次の4タイプが示唆さ
れる：

	探索区域	探索時間	モノ探し行動の特徴（例示）
Ⅰ	広い	長い	「当てのない探し方」
Ⅱ	広い	短い	「大まかな探し方」
Ⅲ	狭い	短い	「的を絞った探し方」
Ⅳ	狭い	長い	「丹念な探し方」

「ST2次元空間モデル」の4象限（Ⅰ～Ⅳ）は，モノ探し行動の一つの局
面を表すもので，その間には弾力的な移行関係がある。それは，モノ探しの
状況や探し手の探索意図による場合もあれば，モノ探しの進行に応じて変わっ
ていく場合もあるだろう。

(2)　ST ピラミッド型モデルの構成

　実際のモノ探しでは，場所やルートの絞り込みなど探索区域が限定できたり探索時間に制約があったりすることがある。そうでなくても，われわれのモノ探しでは，「探索区域の縮小」や「探索時間の短縮」を目指したり，それが結果的に生起したりしている。

　それは，図1-3で描けば，探索区域が「広い→狭い」の方向で，また探索時間が「長い→短い」の方向で変化することである。このことから，図1-3を基本として，探索の区域・時間の状態に応じた，サイズの異なる同形の2次元空間モデルを種々の段階で描くことができる。その状態の違いを図式化すると，図1-4のような“4角錐”つまり“ピラミッド型”で表される。この図1-4を“ST ピラミッド型モデル”と称する。

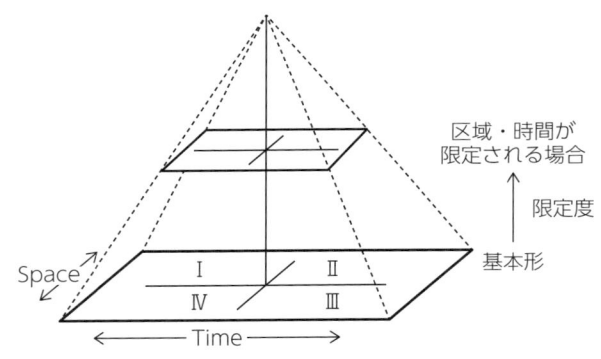

図 1-4　モノ探し行動に関する ST ピラミッド型モデル

　このモデルでは，ピラミッドの上部になるほど探索の区域・時間のサイズが小さくなり探索規模の縮小が生じることを示している。この変化はモノ探しの進行につれても生じ，その“進行度”の表現にもなる。（モノ探しの進行に伴う ST ピラミッド型の変化については第3章Ⅱで詳述する。）

Ⅲ　モノ探し行為の心理学的分析への視点

⑴　モノ探しの具体的行為の諸側面

本章で取り上げたモノ探しの具体的行為の諸側面を整理しておきたい。

- a．区域的方法と継時的方法……記憶と見通し（洞察）にもとづく有効な解決法の想定と選択を表している。モノ探しの開始時点での記憶が「失くしたと思われる場所や区域」について鮮明であれば，その地点での発見可能性が高いという見通しを持って区域を限定して行動できるだろう。他方，そうした区域を限定することができなければ「失くした時に行っていたこと」を再現すれば発見できるだろうという見通しのもとに行動するだろう。
- b．「じっくり探す」か「手早く探す」か，あるいは「広範囲に探す」か「手近なところを探す」か……解決への取り組み方に関する具体的行為を意味し，きわめて一般的な行動形態である。「手早く探す」や「手近なところを探す」は「衝動的な探し方」の特徴でもある。
- c．「視野を変えて探す」「一度探したところを再確認する」……「やり直す」ことがあるわけで，特に「視点を変える」ことは解決のための行動として意味がある。ここに「試行（試行錯誤）」も含まれる。
- d．「失くした物をつぶやきながら探す」……「目標の確認」とその反復という行為の一面である。
- e．終了の形……モノ探しでは「完了＝発見する，解決する」という形だけではなくて，その過程の途中で「諦める」とか「機会をあらためる」というような形で終了することが少なくない。「中止（中断，停止を含む。）」や「場所・機会を変える」ということもある。

　これらの行為の基底にあるのは「探索区域を縮小する」と「探索時間を短縮する」という側面であり，これらはまた探索現場における探し手の目標でもある。ただ，この目標は「探しモノ（対象物）を探し出す」という成果につながることが必要条件であるために，単なる直線的な行動ではその見通しが立たないことも少なくないと思われる。

⑵　モデルの提案とその検証の必要性

　モノ探しの中心的行動は「モノの探し方」にあると考えられるので，モノ探し行動を考える際には，どうしても扱わなければならないのが，その具体的行為である。そのデータを，本章ではインターネット情報から収集し，そ

の若干の分析にもとづく体系化の試みとして二つの部分モデル —— 接近方略モデル，探索地点内行為モデル —— を提案した。

　ただ，限られた情報源に依存した作業であり，その情報内容にも偏りがあることも危惧されるので，差し当たり，モノ探しの具体的行為データをより多角的に収集することとそのために収集技法を検討することが求められる。さらに今後，これらのモデルに修正を加えることも必要になるかもしれない。

　また，モノ探しでの具体的行為を集約した現象は「探索区域を縮小する」と「探索時間を短縮する」にあると考えているが，この 2 側面をモノ探し行動の基本に置くことが適切か否か，検討を深める必要もある。このことは，"ST2 次元空間モデル" と "ST ピラミッド型モデル" の構成の根拠にかかわる問題であり，本書の論述の根幹であることを認識している。

第 **2** 章
モノ探しの呪術的方法

第 1 章では " モノ探しにおける具体的行為 " について述べているが，その行動形態の一つでありながら，「占い」や「まじない」を利用するという行為は視野に入れていなかった。これらは " 非科学的 " とか " 非合理的 " と評されることが多いが，本章ではこの " 呪術的 " 方法がモノ探しにおいて利用されている現況の一端に触れて，モノ探しにおける具体的行為 " に関する理解を補強したい。

I 「占い」と「まじない」

われわれはふだんの暮らしのなかで「(成功したのは) 運がよかったから」とか「縁があって (知り合えた)」というような " 超人的 " 理由を用いることがよくある。また「占い」や「まじない」のような " 呪術的 " 方法に頼ることもある。もちろん，その程度には大きな個人差があると思われるが，われわれの日常的行為に合理的根拠を見出し難い場合があることを示しているだろう。

" さがしもの " についても「運よく見つけることができた」という感じを持つことがよくある。また，世間では「占い」や「まじない」によって成功しようとする試みも少なくないようである。しかも，呪術的方法による " さがしもの " は相当の歴史があるらしい。江戸時代には " 失物占 (うせものうらない) " が盛んに行われたとして，主婦と生活社 (2008) の『秘伝 江戸の占いとおまじない』では，その具体的手法である " うせものうらなひ図 "12 枚が紹介されている。それは，失くした日にちによって失くしたものがどのように移動するかを十二支によって占うものである。また，わだ (1994) に「何千年も前から " 呪符 (じゅふ) " は不可思議な力をもつと信じられてきた。

災難を払い，病気を治し，福禄を授け，当面している問題に解決を与え，未来を啓示してくれる。」とその効用を述べたうえで，14 ジャンルの目的別に 150 種類の咒符（＝呪符）を図示しているが（pp.266-287），そのなかに「遺失物がでてくる咒符」の図も掲げている（p.287）。

> （注）わだ（1994）は，咒符の形態の異様さを「揺れ続ける線，得体の知れぬ黒い点，漢字の異様な字体，人間性を拒否する幾何学的な文様」と表現し，「受け取り手はそこから不気味な暗示を感じたはずである」と，その "呪術的効用" を述べている（p.287）。『広辞苑』では "呪符" について「災厄を避ける呪力があるとして身につけるもの。まじないのふだ。護符。」と説明され，「まじない」の一種とされている
> 　しかし，本章で扱う "呪術的" 方法は「占い」と「まじない」に限り，「お参り」や「祈祷」などの宗教的行為には及んでいない。これは『精選版　日本国語大辞典』による「呪術」についての次の説明を参考にしたためである：
> 　呪術＝超自然的な力を直接的方法でよびおこし，望んでいる現象を起こさせようとする行為。「まじない」と「うらない」とがある。魔術，魔法。
> 　なお，『日本語大辞典』や『明鏡国語辞典』（大修館書店）では "呪術" の項目に「まじない」だけが記され「占い」はない。

II　呪術的方法に関するデータ

1　データ収集の方法

　モノ探しにおける呪術の具体的な "手法" のリストを作るために，インターネットで「探し物を見つける方法」（カテゴリー A），「失くし物を見つける方法　おまじない」（カテゴリー B），「探し物を見つける方法　占い」（カテゴリー C）という 3 カテゴリーを検索し，それぞれで具体的な "呪術的手法" について説明している 10 サイトを選び出した。その際，各カテゴリーで掲載順が早いサイトから選んだが，カテゴリー内およびカテゴリー間で重複しないように注意した。（注：インターネットには，「占い」の業者の広告や営業案内も数多く掲載されているが，それらは除外した.）その結果，選び出した 30 サイトを本章末の付表に一括して示しているが，カテゴリーの A では①〜⑩，B では⑪

〜⑳，Cでは㉑〜㉚というサイト番号を付して，本章の記述で使うことにしている。

　この検索では，三つのカテゴリーに分けて作業をしたが，カテゴリー内およびカテゴリー間で重複して掲載されているサイトが非常に多く，この3分類の間で内容に特徴的な差異を見ることはできなかった。これは，重複して掲載するサイトの開設者が，できるだけ多くの検索者の目に触れることを期待したためであろうが，実は呪術のなかでの「占い」と「まじない」の概念的差異が分かりにくいという事情もあるのではないかと思われる。

　本章では「占い」と「まじない」の区別をせず，まとめて「呪術的手法」と表現することにしたい。

> （注）さきに「呪術」の項目説明に関して引用している『精選版　日本国語大辞典』は，次のように記している：
> 　うらない（占）＝　①　占うこと。現れたしるしによって，人の運勢，将来の成り行き，ことの吉凶などを定めること。また予言すること。亀卜（かめのうら），鹿卜（しかうら），易占（えきせん），夕占（ゆうけ），夢占（ゆめうら），手相，トランプ占いなど各種ある。占卜（せんぼく）。うらないごと。うら。　②　占うことを職業とする人。易者。うらないしゃ。
> 　まじない（呪）＝　①　神仏や神秘的なものの威力を借りて，災いや病気を取り除いたり，他人に災いを与えたりすること。また，その術。禁厭（きんよう）。符呪（ふじゅ）。まじないごと。　②　ごまかすこと。うわべをうまくとりつくろうこと。また，相手の機嫌を巧みにとること。まじくない。
> 　他方，高橋洋二・足立恵美・小古瀬恭子（編）『占いとまじない』（別冊太陽.73号.1991年5月，平凡社刊）に見られる対談（荒俣宏・小松和彦,1991）では，次のような発言がある。
> 　［荒俣］　占いとまじないの関係も重要な一つであると思いませんか。占いはあくまでも，未来，過去，あるいは見えない神の世界のことを知ることなんですよ。普通の状態では知ることができないことを，なんらかのテクノロジーで，つまり定められた方法によって知る。手続きを踏めば見える。……（p.5）
> 　［小松］　占いによって一応過去や未来がこうなっているというのがわかる。いい状態だったらそのままでいいわけだけれど，悪い状態だったら，そのままでは困るわけです。そこでこれをどうやって変えるか，ということが生じる。そこのところでまじない，広い意味での呪術が出てくるんですね。……（p.5）

　この『占いとまじない』の対談で「占い」と「まじない」を区別してさら

に記述している部分は見当たらない。

2　データの概要

(1)　呪術的手法の数と掲出サイト

　30 サイトに掲出されている呪術的手法の数は，延べ 154 に及び，平均数は5.1 であった。カテゴリー別の延べ数は，A で 50，B で 55，C で 49 と大きな差は見られなかった。しかし，サイト別に見るとかなりの差があり，1 手法のみ掲げている 8 サイトから，15 手法を掲げている 2 サイトまでの幅があった。特定手法に特化して述べているサイトもあれば，多くの手法を総花的に紹介・解説しているサイトもある。

　30 サイトについて，掲出手法数別に示すと次の通りである：

掲出手法数	…………	掲出サイト記号（A／B／C　別）		(サイト数)
1……	A ②，A ④，A ⑩	/ B ⑬	/ C ㉕，C ㉖，C ㉘，C ㉙．	(8 サイト)
2……		/ B ⑳	/	(1 サイト)
3……	A ⑤	/	/ C ㉓，C ㉔．	(3 サイト)
4……		/ B ⑯，B ⑲	/ C ㉑．	(3 サイト)
5……	A ①，A ⑦，A ⑧	/ B ⑮，B ⑰，B ⑱	/	(6 サイト)
6……	A ⑨	/	/ C ㉗．	(2 サイト)
7……		/ B ⑪	/	(1 サイト)
8……	A ⑥	/	/	(1 サイト)
9……	［なし］			
10……		/ B ⑭	/	(1 サイト)
11……	［なし］			
12……		/ B ⑫	/	(1 サイト)
13……	［なし］			
14……		/	/ C ㉒．	(1 サイト)
15……	A ③	/	/ C ㉚．	(2 サイト)

　また，平均値で 2 分割してカテゴリー間比較をすると，3 カテゴリーいずれも，平均値以下（5 以下）が 7 サイト，平均値以上（6 以上）が 3 サイトで，不均衡はなかった。（3 カテゴリーを合わせると，平均値以下が 21 サイト，以上が 9 サイトになる。）掲出手法数のカテゴリー別平均値は，A = 5.0，B = 5.5，C = 4.9　であった。

(2)　呪術的手法の名称と掲出サイト数

　延べ数 154 に及ぶ呪術的手法は，41 種類にまとめられた。その名称を 50 音順に配列し，それぞれの掲出サイトの数とサイト記号を表したのが，表 2-1 である。

表 2-1　インターネット 30 サイトに掲出されている "モノ探し" の呪術的手法

(注) 手法を 50 音順に配列し，（　）内に掲出サイト数（ゴシック体）と掲出サイト記号を示す.

あ　赤い糸（**1**：　Ⓒ㉒）／　赤いひも（**4**：　Ⓐ③，Ⓐ⑥，Ⓐ⑨，Ⓑ⑪）／　あとみよそわか（**4**：　Ⓐ③，Ⓑ⑫，Ⓑ⑱，Ⓒ㉚）／　あるあるの神様（**1**：　Ⓒ㉒）／　アルカナ［占いアプリ］（**1**：　Ⓑ⑮）／　アルミホイル（**1**：　Ⓒ㉒）／　アントニオ［聖人］（**1**：　Ⓑ⑲）／　渦巻き（**1**：　Ⓒ㉒）／　ウリエル［大天使］（**1**：　Ⓒ㉒）／　大神様［おおがみさま］⇒［だいじんさま］　　大掃除の神様（**1**：　Ⓒ㉒）／　音羽の滝⇒清水の音羽の滝.

か　北の神様（**2**：　Ⓐ①，Ⓒ㉑）／　清水の音羽の滝（**12**：　Ⓐ③，Ⓐ⑥，Ⓐ⑦，Ⓐ⑧，Ⓑ⑫，Ⓑ⑭，Ⓑ⑮，Ⓑ⑯，Ⓑ⑰，Ⓑ⑲，Ⓒ㉓，Ⓒ㉚）／　口笛を吹く（**1**：　Ⓒ㉒）／　こっくりさん（**1**：　Ⓑ⑲）／　コロボックル（**2**：　Ⓐ③，Ⓑ⑱）.

さ　逆さ言葉（**7**：　Ⓐ③，Ⓐ⑨，Ⓑ⑪，Ⓑ⑫，Ⓑ⑭，Ⓑ⑮，Ⓒ㉚）／　3 回叩く（**2**：　Ⓑ⑫，Ⓒ㉚）／　3 回回って（**1**：　Ⓒ㉒）／　塩水［コップ 1 杯］（**1**：　Ⓒ㉒）／　舌を出しながら（**1**：　Ⓒ㉒）／　定規⇒ものさし・定規　　スピラル［ゲームソフト］（**1**：　Ⓐ⑧）.

た　大神様［だいじんさま］（**1**：　Ⓐ①）／　ダウジング（**6**：　Ⓐ④，Ⓐ⑤，Ⓐ⑦，Ⓑ⑱，Ⓒ㉔，Ⓒ㉗）／　叩く⇒3 回叩く　　たぬきがこけた（**4**：　Ⓑ⑬，Ⓑ⑭，Ⓒ㉔，Ⓒ㉚）／　タロットカード（**1**：　Ⓒ㉕）／　チャミュエル［大天使］（**1**：　Ⓒ㉒）／　トイレの神様（**1**：　Ⓐ①）／　時よ戻れ（**2**：　Ⓐ①，Ⓒ㉚）.

な　ないないの神様（**6**：　Ⓐ③，Ⓐ⑥，Ⓑ⑪，Ⓑ⑭，Ⓒ㉚）／　名前を呼ぶ（**7**：　Ⓐ③，Ⓐ⑥，Ⓐ⑨，Ⓑ⑪，Ⓑ⑫，Ⓒ㉒）／　ニンニク（**16**：　Ⓐ①，Ⓐ③，Ⓐ⑥，Ⓐ⑦，Ⓑ⑫，Ⓑ⑭，Ⓑ⑯，Ⓑ⑰，Ⓑ⑱，Ⓑ⑳，Ⓒ㉑，Ⓒ㉓，Ⓒ㉔，Ⓒ㉗，Ⓒ㉚）.

は　ハサミ（**22**：　Ⓐ①，Ⓐ②，Ⓐ③，Ⓐ⑤，Ⓐ⑥，Ⓐ⑦，Ⓐ⑧，Ⓐ⑨，Ⓐ⑩，Ⓑ⑪，Ⓑ⑭，Ⓑ⑮，Ⓑ⑯，Ⓑ⑰，Ⓑ⑲，Ⓑ⑳，Ⓒ㉑，Ⓒ㉒，Ⓒ㉓，Ⓒ㉗，Ⓒ㉚）／　引き寄せの法則（**2**：　Ⓐ⑧，Ⓑ⑭）／　左回り（**1**：　Ⓐ③）／　ふんじんさま（**6**：　Ⓐ③，Ⓑ⑫，Ⓑ⑱，Ⓒ㉗，Ⓒ㉙，Ⓒ㉚）／　ペンデュラム（**1**：　Ⓒ㉚）.

ま　魔法陣を描く（**1**：　Ⓐ⑧）／　ものさし・定規（**6**：　Ⓐ③，Ⓐ⑤，Ⓑ⑭，Ⓑ⑱，Ⓒ㉗，Ⓒ㉚）.

や　やかん（**9**：　Ⓐ③，Ⓐ⑥，Ⓐ⑨，Ⓑ⑪，Ⓑ⑫，Ⓑ⑭，Ⓑ⑰，Ⓒ㉑，Ⓒ㉚）／　夢占い（**5**：　Ⓐ③，Ⓒ㉖，Ⓒ㉗，Ⓒ㉘，Ⓒ㉚）／　［ヨーロッパの］妖精（**9**：　Ⓐ③，Ⓐ⑥，Ⓐ⑨，Ⓑ⑪，Ⓑ⑫，Ⓑ⑭，Ⓑ⑯，Ⓒ㉒，Ⓒ㉚）.

ら　ロケス，ピラトスら 5 人の妖精⇒［ヨーロッパの］妖精

---

　　1 サイトだけに掲出されている 21 手法がある一方で，22 サイトという多数が掲出している手法「ハサミ」もある。いわば「注目度の高い」手法として掲出サイト数「10 以上」のものを取り出せば，22 サイトの「ハサミ」を筆頭に，16 サイトの「ニンニク」，12 サイトの「清水の音羽の滝」などがあり，さらに広げて「4 サイト以上」の手法を見ると，9 サイトの「やかん」「（ヨーロッパの）妖精」，7 サイトの「逆さ言葉」「名前を呼ぶ」，6 サイトの「ダウジング」「ないないの神様」「ふんじんさま」「ものさし・定規」，5 サイトの「夢占い」，4 サイトの「赤いひも」「あとみよそわか」「たぬきがこけた」など，12 手法が加わる。

III　呪術的手法の分析

1　呪術的手法の具体的所作

　　掲出サイト数が多い（4 以上の）15 種類の呪術的手法の具体的所作を見たのが表 2-2 である。

表 2-2　サイト掲出数 4 以上のモノ探しの呪術的手法の具体的所作

ハサミ　（22 サイト）……　ハサミを用意する。ハサミを耳元へ持って行き，チョキチョキしながら「はさみさん，はさみさん。私がなくした○○（探しモノの名前）はどこにありますか？」「はさみさん，はさみさん。私がさがしている○○はどこにありますか？教えてください。」などと唱えながら探す。
[別バージョン]　（1）ハサミを持ち，目線よりも上にあげて，刃先も上に向ける。そして「○○をなくしてしまいました。早く見つかりますように。」とお願いする。（2）ハサミを壁などに立て掛け，倒れないようにし，そのハサミに向かって「はさみ様，はさみ様。○○を探してください。」とお願いする。これで見つからないようなら，立て掛けるハサミの数を増やす。（3）天井からハサミをぶら下げて，同様のお願いをする。（4）ハサミの刃に糸を巻きつけつつ，なくしたものを頭の中に浮かべながら探す。
ニンニク　（16 サイト）……　探しモノを頭の中に浮かべて「ニンニク，ニンニク」と唱えながら探す。⇒モノがなくなるのは「悪い魔女が隠してしまっているから」。その魔女が大嫌いなのがニンニク。ニンニクがあると分かるだけで魔女は退散してしまうので，探しモノがありそうな場所で「ニンニク」を唱える。

清水の音羽の滝　（12サイト）……　探しモノのイメージをしっかり思い浮かべ，それが実際に見つかった瞬間もイメージして「清水の音羽の滝に願掛けて，失せたる○○のなきにしもあらず」を3回唱えながら探す。

やかん　（9サイト）……　やかんを紐でぐるぐる巻きに縛り，探しモノを思い出しながら「○○が見つかるまで外してあげない！」と言い，すぐに探し始める。探しモノが見つかれば紐をきちんと外し「やかんさん，どうもありがとう」と丁寧にお礼を言う。

（ヨーロッパの）妖精　（9サイト）……　探しモノの手助けをしてくれるという心優しい5人のヨーロッパの妖精「ロケス，ピラトス，ゾトアス，トリタス，クリサタニトス」の名前を3回繰り返し言い続けながら探す。見つかれば「ありがとう」と感謝の気持ちを表す。

逆さ言葉　（7サイト）……　探しモノの名前を逆順に唱えて探す（例：車の鍵→ギカノマルク）

名前を呼ぶ　（7サイト）……　探しモノの名前を呼び「○○，早く出てきて！」と言い続けながら探す。

ダウジング　dowsing　（6サイト）……　「振り子占い」とも言われる。紙に描かれた丸い円の中心から上下左右あるいは放射状に“答え”が位置づけられた図形（チャート）を用意し，その中央に振り子を垂らす。振り子は先端の尖った金属がいいが，5円玉や50円玉の穴の空いた部分に糸を通して作る簡便法もある。そして，質問に対する振り子の動き方で“答え”を見出す。

ないないの神様　（6サイト）……　家から一番近い神社の方角に向かって手を合わせ「ないないの神様，探しモノはどこにありますか？」とお祈りをする。願いがかなった時には，それを報告して願いを解いてもらう。

ふんじんさま　（6サイト）……台所に盛り塩をして「ふんじんさま！　○○はどこにありますか？」と大声で叫び，探しにいく。

ものさし・定規　（6サイト）……　長めのものさしや定規をタンスの上など高い場所に置いて探す。⇒高い所から全体を見渡し，モノを指すことができるから。神棚や仏壇に置くやり方もある。

夢占い　（5サイト）……さがしものの夢はいろいろで，その内容にそれぞれ意味がある。

赤いひも　（4サイト）……赤いひもを用意して，結び目を7つ作る。そのひもを部屋の真ん中に吊るしておく。

あとみよそわか　（4サイト）……「あとみよそわか」と唱えながら探す。

たぬきがこけた　（4サイト）……「たぬきがこけた」と唱えながら探す。

　このような所作がとられる理由はほとんど説明されていない。一般的に「占い」や「まじない」では，問題解決（この場合は「モノ探し」に成功すること。）との因果関係が明らかでないので，荒唐無稽と感じるものや合理的理解が不可能なものが多い。だからこそ「呪術的」ということになるが，それが「超自然的存在や神秘的な力に働きかけて種々の目的を達成しようとする意図的な行為」（“呪術”についての『広辞苑』の説明の一部。）であると言われれば，日常的理解の範囲を超えたものと思うよりほかに“手”はない。要するに，呪

文，お祈り，お願い，呼びかけ，問いかけ，つぶやき等々の言葉を駆使した
り，独特の道具を用いたりして，問題解決に努めているということであろう。

2　呪術的手法の分類

(1)　すでに行われている 2 分類

　取り上げた 30 サイトのなかで，こうした呪術的手法を分類しているのは 1
サイト（Ａ ③）だけであった。このサイトは 15 手法を掲出しているが，そ
れらはすべて「おまじない」とされ，「呪文を唱えるか，呪文を唱えないか」
という点から分類されている。それぞれに属する手法は，次の通りである（表
記は原文通り。）：

　　呪文唱える系……はさみさん，やかん，北の神，あとみよそわか，ふんじ
　　　　んさま，ニンニク，コロボックル，ないないの神様，清水の音羽の滝，
　　　　ロケス・ピラトス・ゾトアス・トリタス・クリサタニトス，逆さ言葉。
　　　　（以上 11 手法）

　　呪文唱えない系……ものさし，赤いひも，左回り，名前を呼ぶ。（以上 4 手法）

　　（注）これら 15 手法のうちで具体的所作を示した表 2-2 に含まれていないのは（掲出
　　　　サイト数が 3 以下なのは）「北の神（北の神様）」「コロボックル」「左回り」の 3 手
　　　　法で，Ａ ③ではそれぞれの具体的所作が次のように説明されている：
　　　　　北の神……北の方角を向いて，片方の手だけで拝む格好をしながら，「北の神さ
　　　　　ん，北の神さん○○を見つけてください。見つかりましたら両手を合わせてお
　　　　　礼をさせていただきます」と言って探す。
　　　　　コロボックル……「コロボックルコロボックル，私の○○を返しなさい」と唱え
　　　　　る。見つからないのはコロボックル（＝小人）の悪戯だから。
　　　　　左回り……探す時は左回り（時計の逆回り）に探すとよい。

　このＡ ③での分類は「呪文」の有無を根拠にしているというが，問いかけ，
宣言，お願い，呼びかけ，つぶやき，などいわゆる「神秘的な文句」ではな
い日常的な言語使用も含まれており，要するに「言葉を発するか（使うか），
否か」ということに依拠している。

(2)　2次元的分類の試み

　また，A③の分類の各カテゴリーには「道具や用具を使うもの」と「道具や用具を使わないもの」が混在している。「はさみさん」「やかん」「ものさし」「赤いひも」などでは何らかの道具・用具が使用されるが，この点は，具体的所作として見逃せない特徴である。

　そこで，これらの呪術的手法の特徴をとらえるために「言葉を発するか（使うか），否か」と「道具・用具を使うか，否か」という二つの側面に注目することができよう。この視点から，表2-2に掲げた15手法を分類してみると，次のようになる：

　1.「言葉を使う」×「道具・用具を使う」………（4手法）ハサミ，やかん，ダウジング，ふんじんさま。
　2.「言葉を使う」×「道具・用具を使わない」…（8手法）ニンニク，清水の音羽の滝，（ヨーロッパの）妖精，逆さ言葉，ないないの神様，名前を呼ぶ，あとみよそわか，たぬきがこけた。
　3.「言葉を使わない」×「道具・用具を使う」……（2手法）ものさし・定規，赤いひも。
　4.「言葉を使わない」×「道具・用具を使わない」…（1手法）夢占い。

　この結果を見ると，「言葉を使うか，使わないか」×「道具・用具を使うか，使わないか」という2次元分類法は有効であるように思われる。

　そこで，この2次元分類による2×2分割表で全41手法を分類したのが，表2-3である。

　41種類の手法をもれなくこの2×2分割表のなかに収めることができた。

　"言葉の使用"については「使う」が27手法，「使わない」が14手法で，ほぼ2対1という大きな差があった。しかし"道具・用具の使用"については「使う」が21手法，「使わない」が20手法で，ほぼ同数であった。さらに2×2分割で見ると，「道具・用具を使う」手法のなかで「言葉を使う」（11手法）と「言葉を使わない」（10手法）がほぼ同数であるのに対して，「道具・用具を使わない」手法のなかでは「言葉を使う」は16手法で，「言葉を使わない」の4手法の4倍もあり，「道具・用具を使わない」場合には「言葉を使う」ことで補っている様子がうかがわれた。「言葉を使わない　×　道具・

表 2-3　所作による呪術的手法の 2 次元（2 × 2 分割）分類
（注）　掲出サイト数を（　）内に示し，その 4 以上の手法を**ゴシック体**で表す。

		道具・用具	
		使　う	使わない
言	使う	**ハサミ**(22) / **やかん**(9) / **ダウジング**(6) / **ふんじんさま**(6) / アルミホイル(1) / 渦巻き(1)*[1] / 大掃除の神様(1) / こっくりさん(1) / トイレの神様(1)*[2] / ペンデュラム(1)*[3] / 魔法陣を描く(1)	**ニンニク**(16) / **清水の音羽の滝**(12) / **（ヨーロッパの）妖精**(9) / **逆さ言葉**(7) / **名前を呼ぶ**(7) / **ないないの神様**(6) / **あとみよそわか**(4) / **たぬきがこけた**(4) / 北の神様(2) / コロボックル(2) / 時よ戻れ(2) / あるあるの神様(1) / アントニオ(1) / 3 回回って(1)*[4] / 大神様(1) / チャミュエル［大天使］(1)
葉	使わない	**ものさし・定規**(6) / **赤いひも**(4) / 3 回叩く(2) / 赤い糸(1) / アルカナ［占いアプリ］(1) / ウリエル［大天使］(1) / 口笛を吹く(1)*[5] / 塩水［コップ 1 杯］(1) / スピラル［ゲームソフト］(1) / タロットカード(1)	**夢占い**(5) / 引き寄せの法則(2) / 舌を出しながら(1) / 左回り(1)

注)　*[1] 「渦巻き」では「紙に書く」という所作を行う。
　　*[2] 「トイレの神様」では，トイレの扉の内側の取手にひもをくくりつけ，便器に向かって合掌して「トイレの神様　○○がなくなって困っています。探して下さい。」とお願いする。
　　*[3] 「ペンデュラム」では，クリスタルをひもでぶら下げて持ち，「私が探している○○はここ？」と問いかける。
　　*[4] 「3 回回って」では「探し物が見つかりますように」と言ってから，3 回ゆっくり回る。
　　*[5] 「口笛を吹く」では「私の探し物が見つかりますように」と言ってから，口笛を吹きながら探す。

用具を使わない」というのは黙々と所作することや，"夢占い"のようにただ
受動的な場合であるが，これらはむしろ稀なケースということになる。

Ⅳ　呪術的方法の利用について

1　呪術による問題解決

(1)　具体的行為としての呪術利用

　"モノ探し"での呪術利用では，どのような呪術的手法を用いるかを決めた後，その手法で定められている呪術的所作を進めて，その所作の結論に従って探索行為を実施するという"流れ"で成り立っている。第1章で提示した"モノ探しの行動モデル（図1-1～図1-4）"は探し手の"主体的行動"として描かれているもので，その体系では呪術が"介入"することは考えられない。しかし，どのような関連性があるのか考えておきたい。

　まず"モノ探し行動の全体モデル"のうちの「ST2次元空間モデル」の基本的構成要素である「探索区域」と「探索時間」の2次元のなかの「探索区域を狭くする」という"戦術"に関連するところがあると言える。なぜなら，呪術的方法の多くは「探している○○は"どこに"ありますか」と問いかける所作を含んでいて，"失くしたモノがある場所"を知ることを目的にしているからである。それに付帯して「探索時間を短くする」という結果が生じることは想定される。

　このことは「接近方略モデル」での"探索地点そのものへの選択的着目"を意味しており，区域的方法に含まれるものと言えるだろう。「探索地点内行為モデル」との関連では，"（探索範囲）手近なところを探す×（取り組み態度）手早く探す"という探し方に通じると考えられる。

　そして基本的には，本章で見てきたような呪術を"モノ探し"で利用することには，探索の実施形態を絞り込む際の情報行為として，家族・友人や外部メディアなどの"人間的な力"の援助を受けるのではなく，「占い」や「まじない」などを通して神様や聖人などの"超自然な力"に依存する特異な"他律性"に，その特徴があると言うことができるだろう。

(2)　"呪術の利用" の相対化と「最後の手段」という認識

　このように，探索の意思を形成し，その実施形態を絞り込む際の情報行為として "他律的な呪術の利用" があるということは，それが "実施行為そのもの" とは分離していることである。ただ，"他律的な呪術" を利用するにしても，探し手が "主体的に行う探索行為" との関係については，本章でデータとして用いたサイトによってニュアンスの異なる説明がある。

　まず，両者を並列的にとらえ，呪術と主体的探索行為を等価的に扱っているサイトに A ⑤，B ⑮，C ㉚などがある。これらのうち，サイト A ⑤は，失くしたものを見つけるために，1. 行動を思い返し探すべき場所を推理，2. 探し物の名前を呼び続け探す，ということに続いて，3 番目の行為として，3.「占い・おまじないに頼る」としてハサミ，ものさし・定規，ダウジングなど 3 手法を紹介している。このシンプルさに対して，C ㉚は，主体的な探索行為の 10 カテゴリーを挙げ，"おまじない" も 15 手法を紹介するという "念の入れ方" である。

> （注）C ㉚で挙げられている探索行為は，1. 見つかるようにまずは落ち着く．2. 見つかるように冷静さを取り戻す．3. 失くしたものを最後に使ったのはいつ思い出す．4. 失くしたものが見つかる場所をリストアップする．5. 失くしものをした時は落ち着いて順番に探す．6. 可能性としてあるかもしれない思いついた場所を探す．7. 失くしものをした時には他人に聞いてみる．8. 失くしものが見つからない時は脳を休める．9. 見つかる可能性がある場所を再度探してみる．10. それでも見つからない時は「断捨離」である。また，"おまじない" の 15 手法は，ハサミ，天井にハサミ，ハサミにぐるぐる糸，やかん，ニンニク，ものさし，トントンと 3 回叩く，（ヨーロッパの）妖精，ふんじんさま，ないないの神様，時よ戻れ，逆さ読み，あとみよそわか，ペンデュラム，たぬきがこけた，など多様である。

　他方，"まじない" を優先しつつ "心構えとしての探索行為" を述べているのがサイト B ⑮で，「まじないを成功させるコツ」として，1. 心を落ち着かせる，2. 集中する，3. 成功のイメージを強く持つ，を挙げている。

　しかし，より多くのサイトは「困った時の神頼み」としての呪術的手法を提示している。普通，われわれは，呪術に頼る前にまず自分で探し始め，行き詰まってしまった場合に "呪術" を利用するという経過をたどるのではな

かろうか。この立場なのが A ③，A ⑦，B ⑳，C ㉑，C ㉔，C ㉗などであるが，これらのサイトの多くは，探索行為について比較的詳しく述べ，それでも見つからない場合の「最後の手段」に "まじない" の利用があると述べている。たとえば，サイト A ③は，"探し物・失くしものに対する 5 つの心構え，探し方" を述べ，"どこを探しても見つからない！冷静に浮かべるべき 3 つの可能性" を示し，さらに "探し物・失くしもの" が見つからないときの「最優先のチェック項目 4 つ」を述べたのち，"よく物を失くす人必見！探し物を見つける「おまじない」" として 15 手法を紹介している。

> (注)　サイト A ③で述べられている "探し物・失くしものに対する 5 つの心構え・探し方" は，1．まずは冷静に行動を振り返り，同じ行動をする，2．目だけでなく，五感をフルに使う，3．丁寧に拭き掃除をしながら探す，4．イライラしたら休む，5．何周もする，一周目で見つかるとは限らない，などである。また，"冷静に浮かべるべき 3 つの可能性" は，1．子供やネコがやったかも，2．遠くに転がっていって見えないかも，3．あらゆる可能性があるかも。さらに "最優先のチェック項目 4 つ" として，1．全ての服のポケットの中を徹底的に調べる，2．箱・引き出し・カバンの中を全て出してみる，3．家族に聞く，特に子供，4．ゴミ箱・三角コーナー・排水溝も勇気を出して！　と，身近なところへの注意を促している。そして「なかなか見つからないと，神様にすがりたくなる」としての "おまじない" の 15 手法に，ハサミ，やかん，北の神，あとみよそわか，ふんじんさま，ニンニク，コロボックル，ないないの神様，清水の音羽（の滝），（ヨーロッパの）妖精，逆さ言葉，ものさし，赤いひも，左回り，名前を呼ぶ，などを挙げている。

　"モノ探し" での呪術の利用は，それを明言しているか否かにかかわらず，「最後の手段」とするというのが一般的な認識ではないかと考えられる。本章で扱ったサイトには，呪術的手法の紹介だけをしているものが多かったが，それも，このような一般的認識をふまえてのことではなかろうか。

(3)　呪術による問題解決への期待

　「当たるも八卦当たらぬも八卦」（「八卦」は占い，易のこと．）は，あまりにも有名な諺である。『故事ことわざの辞典』（小学館）によれば「占いは当たることもあるし，外れることもある。占いの結果は，吉凶いずれでも気にする必要はないということ。」であるが，一般的に占いに対する期待はそれほど強

いものでなく，利用するが頼りにするか否かは別問題だということだろう。

　この利用者心理を推測させるデータを NHK「日本人の意識」調査から得ることができる。この世論調査は 1973 年を第 1 回として 5 年ごとに同じ質問，同じ方法で全国の 16 歳以上の国民 5,400 人を対象に個人面接法で行われ，2018 年には 10 回目になるが，その大量のデータのなかから 1978 年以降の 10 年間隔の 5 回分で本章の内容に関連する部分を取り出したのが表 2-4 に掲げた "宗教的行動（第 27 問）" と "信仰・信心（第 28 問）" についての調査結果（抜粋）である。（ちなみに，有効回収率は 1978 年（第 2 回）の 78.5% から 2018 年（第 10 回）の 50.9% まで下降傾向を示している.）

表 2-4　NHK「日本人の意識」調査による "宗教的行為" 関連のデータ

[第 27 問] 宗教とか信仰とかに関係すると思われることがらで，あなたがおこなっているものがありますか。ありましたら，リストの中からいくつでも挙げてください。（複数回答%）

	1978 年	1988 年	1998 年	2008 年	2018 年
ア．礼拝・布教……………	16.0	14.9	11.4	12.3	9.7
イ．お祈り…………………	15.8	14.2	12.7	12.4	10.6
カ．お守り・おふだ………	34.4	34.6	30.6	34.9	30.4
キ．おみくじ・占い………	22.8	20.5	22.7	25.3	24.4
ク．何もしていない………	11.7	9.9	11.4	8.7	11.5

[第 28 問] また，宗教とか信仰とかに関係することがらで，あなたが信じているものがありますか。（複数回答%）

	1978 年	1988 年	1998 年	2008 年	2018 年
ア．神…………………………	37.0	36.0	31.5	32.5	30.6
イ．仏…………………………	44.8	44.6	38.7	42.2	37.8
カ．お守りやおふだなどの力…	15.8	14.4	13.7	17.4	15.7
キ．易や占い………………	8.3	7.0	6.0	6.6	4.6
ク．何も信じていない………	23.9	25.8	29.5	23.5	31.8

（注）第 27 問の回答項目は略称を書いているが，調査で用いられている表現は次の通りである：
　　　ア．ふだんから，礼拝，お勤め，修行，布教など宗教的なおこないをしている.
　　　イ．おりにふれ，お祈りやお勤めをしている.
　　　カ．お守りやおふだなど，魔よけや縁起ものを自分の身のまわりにおいている.
　　　キ．この 1，2 年の間に，おみくじを引いたり，易や占いをしてもらったことがある.
　　　ク．宗教とか信仰とかに関係していると思われることがらは，何もおこなっていない.

NHK 放送文化研究所「日本人の意識」調査（https://www.nhk.or.jp/bunken/research/yoron/pdf/20190107_1.pdf#page=6）を加工して作成

　このデータを見ると，40 年間にわたって比較的安定した数値を示していることが分かるが，特に本章の内容に直接関連する "カ" と "キ" の各項目の回

答率には大きな変動が認められない。そして，これらの数値には際立った特徴がある。つまり，「信じている」率に対して「おこなっている」率が2〜3倍の高い値を示していることである。これは，"ア"や"イ"とはまったく逆の現象である。すなわち，"お守り・おふだ"や"易・占い"は，その効能や成果を「期待しない」にも関わらず「行っている」という傾向がある。逆に"神"や"仏"は，信心している割には"行為"を伴っていないとも言える。

　この「低い期待率⇒高い実行率」は，"占い"や"まじない"が「面白半分」のゲーム感覚で利用される現象に通じ，いわゆる"占いブーム"を招来している原因の一つになっているのではなかろうか。

　他方で，"占い"や"まじない"の側にも，こうした利用者心理に乗っているところがあるのではないかと思われる。

　板橋作美（2004）は「占いはしばしば逆のことを同時に言うが，ひとは当たっていることだけを見る」と述べている（p.85）。そのうえ，一度でも当たることがあると本気になって信じてしまい，当たったことだけが記憶に残り，当たらなかった例は忘れられてしまう，という人間心理に触れている（p.85）。

　また，荒俣宏（1991）は，占いというものの"仕組み"を指摘して「占いが当たらなくても，それを補う説明が発動できるような枠組みになっている」と述べている（p.9）。それは，たとえば，血液型占いで，人間の"性格"は生まれつきの"気質"が後天的な環境などの形成作用を受けて作られるもので，気質は性格の材料であると言い，その占いが当たっていないという文句が出ると「あなた自身にわかるのは"性格"であって，先天的な"気質"はわからないはずだが，その"気質"を血液型占いは判じているのだ」という"言い逃れ"ができる仕組みがあるというようなことである（板橋, 2004. p.86.）。

　さらに占いでは，結果だけが告げられ，因果関係は説明されない。たとえば，個人の生年月日や姓名の画数などがその人の運勢に影響する理由は告げられない。

　島田裕巳（1991）によれば「的中したという結果をもって，根拠にかえようとしている」ということであり，「占いに関心を持つ人間は，根拠があるから占いを信じているわけではない。それが当たる（ように見える）からこそ

占いに頼ろうとする」（p.147）ということでもある。

　要するに，荒俣宏が「（占いは）結果オーライみたいなところがあって，それはそれですごい世界と言えますね」と言うように（荒俣・小松, 1991. p.10），人びとが頼ろうとするのは「すごい世界」であり，疑問を呈したり反論ができない相手であるように見える。

　"モノ探し"についての本章のデータである各サイトには，「占いが当たった」「まじないが効いた」という意見が多数寄せられているが，その反面「当たらなかった」「効かなかった」という経験がどれほどあるのかは知ることができない。これは，上記したように，「もともと本気で頼りにしているのではない」ということも一因であるだろうし，「占いが当たらなくても，それを補う説明が発動できるような枠組み」によって"沈黙"せざるを得ないためかもしれない。あるいは，いわば"最後の手段"として頼った呪術が思わしい結果をもたらしてくれなかったことへの"諦め"によるのかもしれない。

2　呪術利用の心理学的理解

(1)　呪術利用者の両面価値的態度

　占い利用者の態度が，総じて「信じられないが，行っている」というものであるならば，その特徴を"両面価値的"と言うことができる。"両面価値的（ambivalent）"は「同一の対象への関係において，相反する傾向や態度および感情（ことに愛憎）が同時に存在すること」（『新版心理学事典』p.10 による.）と説明されるが，占いの利用は「信じられない」という負の態度と「行っている」という正の行動が不協和的に共存するなかで生まれているのである。

　これを一般化した枠組みでとらえると，前者は「信じられる ―― 信じられない」という次元の負の方向であり，後者は「行う ―― 行わない」という次元の正の方向である。この 2 次元の組み合わせから生まれる行為の典型的な 4 パタンは，次のようになるだろう：

　　①　信じる　×　行う…………………確信をもって行為する，断固実行する。
　　②　信じる　×　行わない…………未練を持ちながら断念する，とりあえず行
　　　　　　　　　　　　　　　　　　為しない。

③　信じられない　×　行う………躊躇しつつ行為する，試しにやってみる。
④　信じられない　×　行わない…断固として行為しない，完全拒否する。

　ここで，占いの利用者は一般的にパタン③に入るが，もちろん，多数ではないにしてもパタン①に属する人もあるだろう。

　この４パタンのなかで，②と③が"両面価値的"であるが，われわれの日常生活では，このような「恐い物見たさ」的心理が働くことが多々ある。特に「藁にもすがりたい」という心境にあるときには，少しでも明るい結果が得られることが期待できるなら，負の側面を過小に評価して，行為が選択されることがある。"モノ探し"での"占い・まじないの利用"にも，稀には，そうした"追いつめられての解決"を望む場合があるのではなかろうか。

(2)　軽い気分での呪術利用

　一般的には，呪術を利用することは人びとの生活上の問題解決法として非常に限られているだろう。さらに"モノ探し"のために呪術に頼るケースも稀であろう。筆者は，現時点では，日本社会における呪術の利用状況や普及度に関する客観的データをほとんど持っていないため，このような基本的事実を推察せざるを得ないが，このことは本章の問題点の一つであることを認識している。ただ，範囲を"モノ探し"に限定しても，インターネット上では結構賑やかな情報交換がなされている状態を知ることになった。そこで知り得た具体的手法には，かなり多様な形があり，知悉度や関心度を表すであろうサイト掲出数にも幅があり，その成立の由来には理解し難いものが少なくないということも分かった。そして，こうした呪術的手法が使われる状況には"ウセモノ（失せ物）発見のための真剣さ"があるよりも，"ゲーム感覚の軽い娯楽気分"で行われる様子もうかがわれた。それには，対象物（探しモノ）が何なのか，探し出すべき必要性や緊急性がどれほどなのか，手法そのものの実効性への関心や期待がどの程度なのか，等々の条件が関連すると思われ，"モノ探し行動"分析の一般的枠組みのなかで理解する必要があることを知らされた。

　このような理解とともに，本章で知り得た"モノ探し"のための呪術的手

法からは“軽くて明るい空気”が感じられた。『広辞苑』は，“呪術”は，善意の意図による白呪術（white magic）と邪悪な意図による黒呪術（black magic）とに分けられると述べているが，この 2 分法には当てはまらないものが多いようである。他者に向けての呪術ではなくて自分のための呪術であるからか，「当たるも八卦，当たらぬも八卦」という軽い気持ちがあるためなのか，陰気でなく陽気に実施しようという気分があるようである。そこには“てるてる坊主”や“招き猫”で希望をかなえようとする単純さや簡便さに通じるセンチメントがあるように思われる。

(3)　呪術と科学

　占いは因果関係を明らかにしないというが，それだからこそ“呪術”だと言える。島田（1991）は，占いは，本来，因果関係の認められない事柄の間を恣意的に結びつけようとする試みであるとし，イギリスの人類学者のジェームズ・フレイザーが，因果関係の認められない事柄の間に共感的な関係を想定する原始未開人の思考方法を「呪術」と呼び，それを宗教や科学と区別した，と述べている（p.147）。

　「科学」は，異なる現象間の因果関係を説明し証拠立て，また，反証も受け入れるものである。そうでない呪術は「非科学的」とされるが，ただ，この時の「科学」は自然科学を意味しており，社会科学や人文科学ではないであろう。確かに，「科学」は，狭義には自然科学を意味しているが，今日では，社会科学や人文科学を加えるのが普通である。行動科学や精神科学と呼ばれる領域があることも広く認められているのではなかろうか。

　そこで，心理学研究に従事してきた筆者から見れば，呪術では，採用される手法と生み出される結果との間の因果関係を自然科学的に説明しない，あるいは，説明できないが，心理学の立場から異なる視点でアプローチすることは不可能ではない。島田（1991）は，占いを利用する人は「根拠があるから信じているわけではない。それが当たる（ように見える）からこそ，占いに頼ろうとするのだ」（p.147）と分析し，占いに頼るのは「自分が決定したわけではないから，心理的な責任を逃れることができる」だけでなく，「不安

を鎮め，自信を与えてくれる」という心理的効果があると言っている（p.149）。たとえば，こうした言説を実証することは，心理学的に意味のあることである。また，さきに，呪術の利用における両面価値的態度に触れたが，その態度の成立や影響は心理学的課題になるだろう。さらに，現代社会での占いの流行現象を支える人びとの特性や波及プロセスについて分析することは，社会学的テーマになる。

　“モノ探し”での呪術の利用についても，その当事者になるか否かは別にして，心理学を含む“行動科学”の視野のなかで“科学的分析”の課題になり得るであろう。

付表　モノ探しの呪術的方法を述べたインターネット・サイトの 30 例
（2019 年 9 月 1 日〜 15 日確認）

カテゴリー A.　探し物を見つける方法　①〜⑩

① 探し物が見つからない！　無くした物を見つけるためのまとめ。ハサミとニンニク，おまじない⁉
　　https://newsba-nk.com/sagasimono

② SMAP 中居が発明！　100％探し物が見つかる呪文「ハサミさん」が話題！
　　https://matome.naver.jp/odai/213822353960936260/

③ ほぼ 100％探し物が見つかる最強マニュアル！　見つける方法・コツからおまじないまで大公開
　　https://maiuma.com/perfect-guide-to-finding-lost-objects/

④ 占いではないダウジング？なくしたもの見つける方法ダウジングのやり方
　　https://cyuncore.com/fortune/2611

⑤ なくした物（探し物）を見つける方法！おまじない / はさみ / 名前を言う… 絶対見つかる⁉指輪・書類・鍵
　　https://towa-jyoshi.com/nakushitamono-mitsukeru-houhou-yubiwa-kagi-shorui-kanousei-zettai-mitsukaru/

⑥ 探し物が見つかるおまじない 10 選！あなたの探し物が見つかるかも？
　　https://belcy.jp/36663

⑦ 探し物を見つけるための方法 3 つとおまじない 4 つ。藁にすがってもアレを見つけたい。
　　https://oto92.com/looking-things

⑧ （※本当に見つかりました）失くしたゲームソフトを見つける方法・おまじない・法則
　　https://gamestart.hateblo.jp/entry/20170425/1493056342

⑨ 探し物の見つけ方を教えて下さい。あるゲームソフトが姿を消…
　　https://detail.chiebukuro.yahoo.co.jp/qa/question-detail/q1038972680

⑩ 探し物が絶対見つかるはさみさんおまじないのやり方！なくしたものが見つかるスピリチュアルな前兆も紹介！
　　https://fortuna-fortune.com/lifestyle/467

カテゴリー B.　失くし物を見つける方法　おまじない　⑪〜⑳

⑪　探し物がみつかるおまじない！　おまじない大事典
　　https://omajinai.tteiine.com/other/sagasimono.html

⑫　失くしたものが出てくるおまじない
　　https://matome.naver.jp/odai/2134827358485590101

⑬　成功率 8 割！探し物がすぐに見つかる奇跡の方法「たぬきがこけた」
　　https://billion-log.com/tanukigakoketa/

⑭　なくしものが見つかるおまじないまとめ！【効果抜群】
　　https://lovely-media.jp/posts/5208

⑮　なくしものが見つかる！大事な探し物のおまじない 4 選！　占いのウラッテ
　　https://uratte.jp/posts/nakusimono-omajinai-mitukaru

⑯　困った時の神頼み？　探し物が見つかるおまじないとは　探偵トーク
　　https://tanteitalk.com/pet/omajinai/

⑰　なくなったものが出てくるおまじない：　生活・身近な話題：発言小町：読売新聞
　　https://komachi.yomiuri.co.jp/t/2010/0717/331962.htm

⑱　なくした物が絶対見つかるおまじないって・その他（占い・超常現象）
　　https://okwave.jp/qa/q360048.html

⑲　失せもの探しのおまじない。探し物の聖人アントニオ。
　　https://yarinokoshi.blog.so-net.ne.jp/2011-04-08

⑳　探し物（鍵など）を見つける効果的な方法。10 のステップで着実に探す。
　　https://minimalist-fudeko.com./how-to-find-lost-objects/

カテゴリー C.　探し物を見つける方法　占い　㉑〜㉚

㉑　【探しものが絶対見つかる方法】簡単 !! 家の中でなくしたものを見つけるコツ＆おまじない！
　　https://minnano-chiebukuro.com/how-to-find-item

㉒　無くした探し物を見つける最強のおまじない 15 選｜絶対にこの方法で見つかる？
　　https://cuty.jp/46077

㉓　この言葉を唱えるだけで... なくした物が見つかるおまじない
　　https://ranranblog.net/2016/07/17/ % e3%

㉔　[完全版] なくしたものを見つける方法 / 占いやアプリ・家の中で探す方法
　　https://www.men-joy.jp/archives/364634

㉕　タロットカードの占い方で探し物の占い方を教えてください！！　大至急で...
　　https://detail.chiebukuro.yahoo.co.jp/qa/question-detail/q1042000705

㉖　[探し物の夢占い] 意味 15 選！なくしたものを探す・見つかる / 靴 / 服
　　https://cuty.jp/40043

㉗　探し物が見つからない！家の中のなくしたものを絶対に見つける方法やコツ
　　https://kirari-media.net/posts/5784

㉘　夢占い探す夢！探し物が見つかる見つからない等 13 通り / 夢占いの部屋
　　https://yumenouranai.com/archives/228.html

㉙　探し物の夢占いの意味と心理 / 靴 / 車 / 服 / 見つける / 鞄
　　https://uranaru.jp/topic/1004313

㉚　なくしものが確実に見つかる探索法 10 選！チェックの方法やおまじないも！
　　https://akanbo-media.jp/posts/11895

第 3 章

進行過程としてみるモノ探し行動

　われわれの "モノ探し" では，探索の場所を移動したり時間を費やしたりする
間にさまざまな行為をしている。その状況は "モノ探しの進行" ということがで
き，それは，"モノ探し" の開始から完了まで，目的（対象物を探し出すこと）に
向けての連続的な過程（プロセス）であると想定できる。

　その進行過程を検討するにあたり 3 方向からアプローチしたい。まず，本書の
第 1 章で，具体的行為の内容が 3 段階から成ることを指摘していたので，本章の
I ではその点を掘り下げることにする。また，第 1 章で示した「ST ピラミッド
型モデル」ではその形状の変化が "モノ探し行動" の進行度を意味することを述
べていたので，本章の II ではこの意味をより詳細に検討する。

　これらの考察は第 1 章での着想を発展させるものであるが，本章の III では，問
題解決過程としてのモノ探しという側面に焦点を当て，"モノ探し行動" の心理
学的意味を検討する。さらに IV では，第 1 章～第 3 章での考察やモデルを進行過
程に位置づけた暫定モデルを提示する。

I　具体的行為で表す進行状況

1　具体的行為による流れ図を描く

　第 1 章では，インターネットの「探し物を見つける方法」のカテゴリーの
なかで "探し物の具体的方法" を項目化している 10 サイトから，具体的行為
の 69 項目を収集しリスト化した。そして，これらの項目を "行為の実施・遂
行" に関する 51 項目と，"意欲の喚起・保持" に関する 18 項目に大別し，前
者の "行為の実施・遂行" に関する項目の内容を 12 カテゴリーに分類したう
えで，それらがモノ探しの進行状況の 3 段階（開始→探索（探索地点内行為）→
終了）に整理されるとして，モノ探しの進行過程についての枠組みを示して
いた。他方，後者の "意欲の喚起・保持" に関する項目は，「ポジティブな態

度」と「クールな態度」に 2 分したが，モノ探しの進行状況との関連づけは行わなかった。

　こうした第 1 章での着眼を発展させるために本節 I ではモノ探しの進行状況を具体的行為の"流れ図"として描き，"意欲の喚起・保持"に関する二つの態度もその"流れ図"のなかに位置づけたい。

2　インターネットの 10 サイトから収集した 69 行為の関連づけ

(1)　分析方法の踏襲と対象データの拡大

　本項の分析手法は，第 1 章と同様に，次の手順をとった：

　　1.　リスト化された具体的行為を内容によってカテゴライズする。

　　2.　それらの行為カテゴリーをモノ探しの進行段階のなかに位置づける。

　しかし，分析対象データである"具体的行為のリスト"は，第 1 章で対象とした"行為の実施・遂行"に関する 51 項目だけでなく，"意欲の喚起・保持"に関する 18 項目を加えた 69 項目とした。

　　（注）対象データである 69 項目は，第 1 章の表 1-1 にサイト別に一括表示されているが，本項の表 3-1 にもカテゴリー別に整理した結果を示している。

　この対象データ拡大により，具体的行為のカテゴリー化で"意欲の喚起・保持"に関する 18 項目の内容を反映したカテゴリーを新たに加えることになった。また，各項目の内容を再吟味して，第 1 章で示したカテゴリー構成やカテゴリー名称を変更し，特定項目をより適切なカテゴリーに移すことも行った。

　その結果，15 カテゴリー（「非該当」の 1 項目を除く.）が構成されたが，それを示したのが表 3-1 である。ここでは大分類として 4 段階を設けて，各行為カテゴリーを整理している。

表 3-1　　モノ探しの具体的行為の分類

問題認識段階の行為

① **ポジティブな態度を持つ：**

前向きに考える（A1-3），具体的に考える（A1-4），自信を持つ（A1-5），探し物は必ず見つかると信じる（B2），探すときは偏見を持たない（C6），とにかく，先入観をなくする（E3）。

② **クールな態度を持つ：**

まず落ち着く（A1-2, C1, F1, H1），深呼吸する（A1-1），まずお茶を飲んで冷静さを取り戻す（B3），頭の中をクリアにする（C2），冷静になって記憶を整理する（D4），すぐには探し始めない（B1）。

開始段階の行為

③ **発見可能性の高い区域・場所の見当をつける：**

ありそうな場所をリストアップ（C4），ありそうにないが，可能性としてあるかもしれない場所を探す（C7），落ちているかもしれない場所を 30 個くらい書き出す（E②），「失くした物」ではなくて「失くした物が見つかる可能性のある場所」を見つけるように心掛ける（E④），俯瞰し探すエリアを決める（確率が高い場所を優先する）（F2），きわめて確率の低いエリアは除く（F5），（失くした可能性が高い場所から順に）リストを書き出す（I2），（家の中で）探し物がありがちな場所を知っておく（J2）。

④ **ありそうな場所を探す：**

いつも置く場所を探す（A2-1），計画的に探す（A2-3），ありそうな場所を順番に落ち着いて探す（C5），一番可能性の高い場所では，特に慎重に周りを見渡す（E2），失くしたと思われる場所に立つ（E①）。

⑤ **失くした時の状況を思い出し，それと同じ行動をする：**

失くした時の状況を思い出す（J1），（失くしたことがある）同じ場所を探す（A2-9），少しずつ過去へ記憶を戻してその時の行動を実際にしてみる（B8），家の中で同じ行動をして思い出す（同じ行動をしつつ周辺を探す）（H2）。

⑥ **失くした時，最初にしたことを思い出し，そのことを行う：**

（失くした状況で）自分の行動をやり直す（A2-8），最初思い浮かんだところを探す（B4），失くした当日と同じ行動をとりながら思い出す（E1），まずは冷静に行動を振り返り，同じ行動をする（G1）。

⑦ **失くした時，最後にしたことから始める：**

最後に使ったところを思い出す（B5），最後に使ったのはいつか思い出す（C3），自分の行動を逆算していく（I1）

探索段階（探索地点内）の行為

⑧ **手近なところを探す：**

いつも置く場所を探す（A2-1），ポケットを確認する（A2-6），クルマの中を探す（A2-7），目の前を探してみる（B6）。

⑨ **視野を変えて探す：**

普通では考えられない場所も探す（A2-4），別の視点から探す（A2-11），視野を広げて探してみる（B9），一番なさそうな場所から探す（I3）。

⑩ **じっくり探す：**

しっかりと見る（A2-5），そのエリア内をよく探す（F3），複数回探す無駄をなくす（F4），目だけでなく，五感をフルに使う（G2），丁寧に拭き掃除しながら探す（G3）。

⑪　一度探したところを再確認する：
　　一度探したところを再確認する（B7）．もう一度，最初に探した場所を探す（D1）．最初に探した場所の周辺を探す（D2）．何周もする，一周で見つかるとは限らない（G5）．もう探したからと諦めずもう一度探してみる（H4）．

⑫　失くした物を呼びながら探す：
　　探し物に呼びかけてみる（B10）．失くした物を言いながら探す（D3）．失くした物の名前をつぶやき続ける（E③）．

⑬　休息したり気分転換を図る：
　　休息を取り入れ脳を休める（C9）．イライラしたら休む（G4）．いったん探し物をやめて気分転換する（H3）．

終了段階の行為

⑭　ほかの場所にあるかもしれない（転換）：
　　探し物は誰かが持っているかも？（B11）．他の人が持っているのではないか（C8）．（家ではなく）外出先にある可能性も探る（D5）．行った場所に電話をかける（A2-10）．

⑮　探すのをやめる（中止）：
　　どうしても見つからない時，キッパリ諦める（B12）．それでも見つからなければ断捨離の出番（C10）．

非該当……片づける（A2-2）．

---

(2)　モノ探しの進行段階のなかに位置づけた行為カテゴリー

こうして15カテゴリーは行動内容の違いを反映した4段階に分類されたが，各段階の意味は次の通りである：

　　1）問題認識段階…モノ探しをする必要が生じたことを認識し，その心構えをする。

　　2）開始段階………モノ探しを始めるにあたり，探し方の方針を立て，具体的に着手する。

　　3）探索段階………探索場所を特定化し，その地点内でモノ探し行動を実行する。

　　4）終了段階………特定地点内でのモノ探し行動をやめる。

ここで示された4段階は，第1章で設定していた3段階に「問題認識段階」が第1段階として追加されたもので，そこには「意欲の喚起・保持」に関する18項目のなかの6項目から成るカテゴリー①「ポジティブな態度を持つ」と9項目から成るカテゴリー②「クールな態度を持つ」が新たに加えられ，

残りの3項目はカテゴリー⑬「休息したり気分転換を図る」として探索段階（探索地点内行為から成り立つ.）のなかに位置づけられた。

　モノ探し行動に段階設定をしたうえで，それらの間の関連を想定することは，モノ探し行動を"過程（プロセス）"としてとらえることである。つまり，この4段階の間に"連続性"あるいは"機能的連関性"があるものと考えると，モノ探し行動の"進行過程"を表すことができる。そこで，具体的行為が段階を経て変化していく様相を示すために，図3-1 を作成した。

　この図3-1 では，第2章「モノ探しの呪術的方法」で示された知見の一部分も加えて，モノ探し行動を全体的に表したいと考えた。

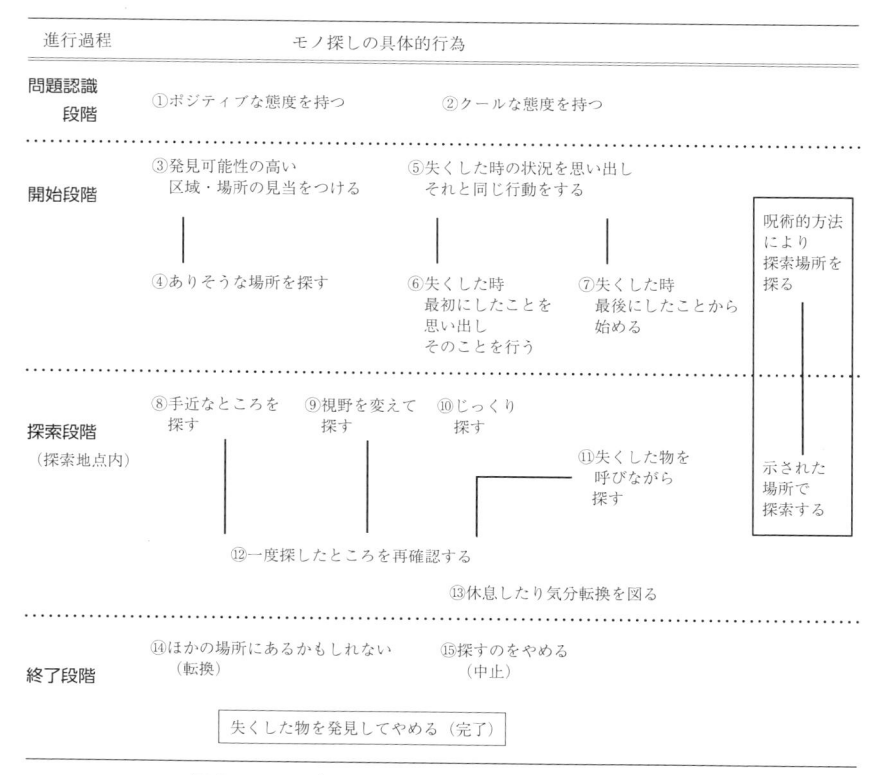

図3-1　モノ探しの進行過程に位置づけた具体的行為

⑶　各段階についての補足的検討

1.　問題認識段階

　モノ探しをすることが必要になった場合での探し手の "ポジティブな態度" と "クールな態度" は相互に独立した心理的要因として，両者がともに機能することが考えられる。ただ，その機能は問題認識段階だけでなく他のすべての段階で認められるもので，モノ探し行動全体にかかわるものと言える。さらに，それぞれの態度には強弱の程度があり，その 2 次元がいかに組み合わされるかによってモノ探しに着手する姿勢が異なるだろう。その状態を 2 × 2 分割でモデル化したのが図 3-2 である。この図 3-2 では，それぞれの態度（positive, cool）の程度を 2 分割して英文字のイニシャルで表し，強い場合を大文字（P, C）で，弱い場合を小文字（p, c）で略記している。

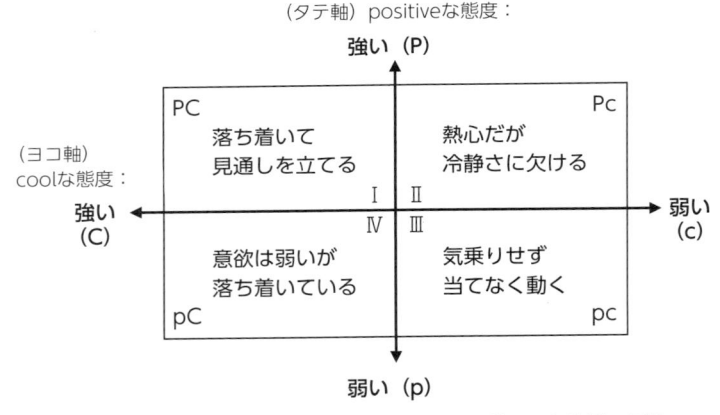

図 3-2　問題認識段階の態度（positive, cool）の 2 次元モデル

　この 4 タイプのなかで，両者がともに強い状態（PC）がもっとも望ましいが，われわれは常にその状態でモノ探しに臨むとは限らない。その対応行動は，当面する問題事態の緊急性や必要性などの状況要因によって，あるいは探し手の個人的要因によって，異なるだろう。

2.　開始段階

　ここでは第 1 章Ⅱ-2 で述べているモノ探し行動の基本的方法である"区域的方法"と"継時的方法"の両方が示されている。区域的方法は③と④から成るクラスター（行動群）であり，継時的方法は⑤⑥⑦から成るクラスターである。

　この二つの方法は，実際のモノ探し場面では併用されることもあるだろう。図 1-1 に示しているように，たとえば，開始時点で継時的方法を採ったとしても，ただ時間順序に従って機械的に探索するのではなく，モノ探しの進行のなかで発見可能性の高い場所の見当をつけて重点的にモノ探しをすることもある。

　また，継時的方法に，時間順序の最初から行う⑥の場合（順向型）と最後から行う⑦の場合（逆向型）があることは，興味深いことではなかろうか。この"順向型"と"逆向型"の違いには，おそらく，探索区域の広さや距離などの空間構造や移動手段の利便性などが影響するだろうし，探し手の日常的行動パタンや成功見込みなども関係するだろう。一般化すれば，探し手が見積もる「コスト（所要時間，必要経費，心理的負担，身体的負荷など）」と「パフォーマンス（得られる成果，損失の回避，心理的満足など）」との利得関係が問題になる状況の一つである。（注：コスト対パフォーマンスについては第 5 章で考察する。）

3.　探索段階

　ここには"探索地点内行動"が示されているが，その行為はきわめて多様であり，さまざまに移り変わることが想定される。特に探索地点は 1 カ所とは限らないので，複数地点の空間的関係や社会的機能の異同などの影響も受けるだろうし，それぞれの特定地点内の構造的要因（道路，建造物配列，移動条件など）が特に強く関連するだろう。また，カテゴリー⑫「失くした物を呼びながら探す」は目標を確認する行為であって，常に行われるとは限らないが，モノ探しの途中で対象物を一時的に失念したり他に気をとられるという経験が稀でない高齢者にとっては実践的な行為であると言えよう。

4.　終了段階

　モノ探しは目標の対象物を探し出せば“完了”するが，探し出せないと判断した場合は“転換”か“中止”をせざるを得ない。（現実には“一時停止”ということもあるが，これは“継続”の変形であり，“終了”ではない.）転換の場合には場所を変えてそのモノ探しが続行され，あらためて上記のプロセスをたどることになる。中止の場合は，当面のモノ探しを諦めることになるが，まさに「コスト対パフォーマンス」の見積もりが探し手にとって重要な状況である。序章で述べた“小さなモノ探し”では中止される可能性が高く，“大きなモノ探し”では転換が生じる可能性が高いと推測されるが，その意思決定の分岐点には，対象物の価値だけでなく，状況要因や探し手の個人的要因がかかわることが考えられる。

5.　呪術的方法について

　呪術的方法の利用は，第2章Ⅳで述べたように“最後の手段”とされることが多いが，“占い”や“まじない”によって探索場所が限定され，その場所での探索行為が行われるというのが一般的であろう。その際，遊び気分で気軽に行われることも少なくなく，呪術的方法への探し手の“期待”や“信頼”でだけでなく，社会的イメージが問題になる。

3　考察：モノ探しの進行過程について

⑴　モノ探し行動を“過程”としてとらえる際に必要な条件

　われわれのモノ探しでは，普通，空間的移動があり時間的経過を伴うので，そこに現れるさまざまな行為を“過程”としてとらえるのは自然なことであろう。

　筆者は“過程”を構造的に見たとき，とりわけ“心理的・行動的過程”には次のような特徴があると考えている（佐々木，1993a）：

　　①　複数の心理的・行動的な位相（段階）から成り立っており，各位相の主たる機能は異なっている。

　　②　それらの位相は機能的な関係を形成し，通常，その関係は時間的推移のな

かで動態的にとらえられる。

③　それらの位相の間には連続性があり，相互に影響し合い，多くの場合，因果関係にあるものとしてとらえられる。

　問題は，その"過程"をどのような現象でとらえるかである。心理学の視点では，その行動の外形的変化や心理的推移に着目することが最初の関心事になるだろうが，さらに，その一連の現象を選択意思決定や感情的変化の問題として見るなど，接近法は多様である。

　そうしたなかで，本節Ⅰでのアプローチは，その外形的行為の変化に着目したものであるが，上記の特徴のすべてを確認できるレベルには至っていない。現状では，モノ探しの具体的行為の一般的意味にもとづいて各段階を構成しており，あくまでも"思弁的モデル"の域を出ていない。各段階には，特徴①で述べている"主たる機能の違い"があることはそれぞれの言語的内容から理解されるだろうし，特徴②の「時間的推移がある」は経験的事象として了解されることではあるが，それを「動態的にとらえる」ことには至っていない。さらに特徴③で述べている「連続性がある」，「相互に影響し合う」あるいは「因果関係にある」などは，"希望的見通し"があるとはいえ，実証的には確認されていない。

　しかし，こうした事実を認識しながらも，"話を進める"ことは重要だと考えている。とりわけ未開拓な問題領域では，それが素材や刺激になり，より高度な理論構成や実証研究に通じることになるのは間違いないと思うからである。

⑵　実際的経験からモノ探しの"過程"を考える

　われわれの経験的事象としてのモノ探し行動を要約的に述べれば「所有物や使用物を失くしたり置き忘れたりしたために，その所在（場所）の部分的記憶にもとづいて，それを発見できそうな場所で，その物（モノ）を"探す"こと」ということになろう。ただ，この記述にはいくつかの条件を付帯することになるが，特に

①　"発見できそうな場所"の数や広がり方（あるいは，続き方）によっ

て"探し方"が異なる，

②　"失くしたり置き忘れた物（対象物）"によって"探し方"が異なる，という 2 点は重要だろう。

　他方で，『広辞苑』が「探す，捜す」という言葉を説明して「人・物・所などを見つけ出すために所々をまわる。さぐり求める。尋ねる。」と述べているように，一般的に「所々をまわる」という現象が認められることにも留意すべきであろう。しかし，言うまでもなく，われわれの"モノ探し"には，最初から特定の 1 カ所で行われる場合があり，その空間がごく狭い場合もあって，常識的には上記の「所々をまわる」という「やや広域の空間で順番に移動する」ことを意味する表現が当たらないこともある。ただ，そうした状況でも，その狭い空間内で探し手が移動することがあるし，一つの空間的地点に立ち止まっていても"見渡す"とか"あちこちに手を伸ばす"などの身体の向きを変える動作が見られることもあるだろう。つまり，探索場所内での探し手の身体的移動が大幅でなくて「所々をまわる」という表現がピタリとは当たらなくても，そこでは複数の動作が連続的に行われ，それに伴う心理的変化が生じているはずである。

　重要な点は，"モノ探し行動"では，こうした行為や心理的現象の変化の連続的状態が，その規模や程度にかかわらず生起していることである。

II　ST ピラミッド型モデルで描くモノ探しの進行過程

1　モノ探しの"進行"の表現

　第 1 章で，モノ探しの基本的特徴は，①「探索区域（Space）が広い〜狭い」と②「探索時間（Time）が長い〜短い」の 2 要素に集約されると述べ，モノ探し行動が進行すると①では「広い→狭い」，②では「長い→短い」という変化が生じると考えられるので，その連続的な様相を「ST ピラミッド型モデル」として，図 1-4 に示すように図式化していた。つまり，「探索区域の

縮小」と「探索時間の短縮」がモノ探しの“進行度”を表すということであり，このことは，図1-4の4角錐での高さが進行度を意味するとともに，その進行状況には“開始→探索→完了”という3段階を設けていた。

　このように，進行状況はモノ探し行動の特徴を記述する重要な現象的側面であるが，本節では，この現象をつぶさに検討して「STピラミッド型モデル」に実質的な内容を付加したい。

2　モノ探しの進行に伴うSTピラミッド型の変化

(1)　“モノ探し”の進行に伴う「探索区域」と「探索時間」の変化

　実際の“モノ探し”での具体的行動には，何らかの“方針”がある。それは“モノ探し”を効率的に行いたいという，顕在的あるいは潜在的な動機にもとづいている。その際の“戦術”は，次の二つの行動を基本としている：

　　①　探索区域（Space）を狭くする。
　　②　探索時間（Time）を短くする。

　この進行プロセスをSTピラミッド型モデルに表すために，まず①「探索区域を狭くする」場合を考えると，図1-3のST2次元空間モデルの“Space”の「広い」部分の縮減として把握される。つまり，象限Ⅰ，Ⅱの縮小と象限Ⅲ，Ⅳの拡大が起きるとともに，空間全体が小さくなっていくという図式になる。この様相の三つの段階を示したのが図3-3である。

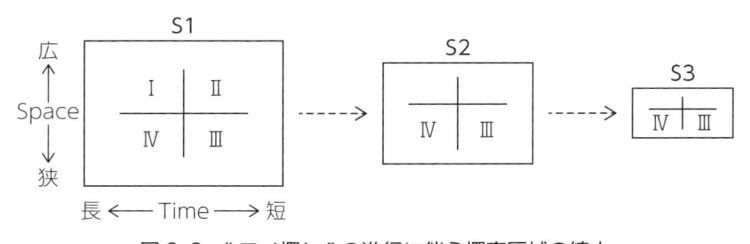

図3-3　“モノ探し”の進行に伴う探索区域の縮小

　次に，②「探索時間を短くする」場合を考えると，図1-3のST2次元空間モデルの“Time”の「長い」部分の縮減として把握される。つまり，象限Ⅰ，

Ⅳの縮小と象限Ⅱ，Ⅲの拡大が生じたうえ，空間全体が小さくなっていく。この様相を三つの段階で示したのが，図3-4である。

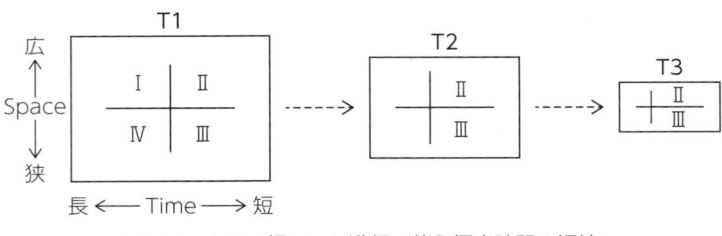

図3-4　"モノ探し"の進行に伴う探索時間の短縮

そして，実際の"モノ探し行動"は上記の二つの変化が組み合わさって（"Space × Time"）進行するものと考えられる。その様相は図3-5のように描くことができる。つまり，象限Ⅲ［的を絞った探し方］が拡大し，他の3象限は縮小していくのである。

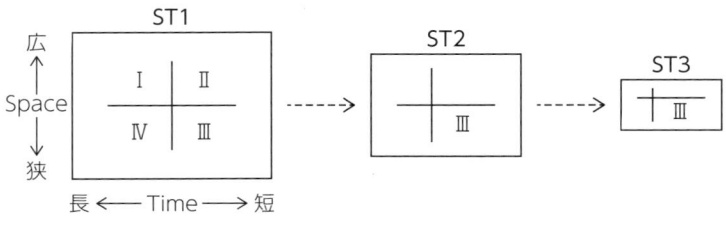

図3-5　"モノ探し"の進行に伴う探索区域と探索時間の変化

⑵　ST ピラミッド型モデルの歪み

モノ探しが進行すると，図3-5のST1 → 2 → 3 …… という変化が連続すると考えられ，その変化を含みながら ST ピラミッド型が成り立つことになる。それは，象限Ⅲが拡大し他の3象限が縮小するプロセスであって，そこで成り立つ4角錐は，Space 軸と Time 軸の交点が垂直に立つものとすれば，

象限Ⅲの方向に傾いたものになり，モデルは "正 4 角錐" ではなくなる。それを示すのが図 3-6 である。モノ探しの進行とともに象限Ⅲが拡大していくため，"ST2 次元空間の中心" と "Space 軸× Time 軸の交点" との乖離が相対的に大きくなり，ST ピラミッドの頂上は象限Ⅲの方向に傾くように "いびつ" になる。

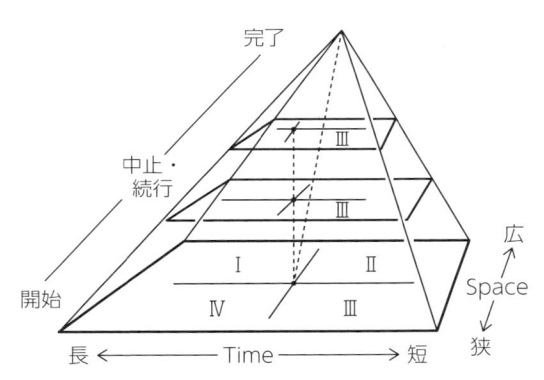

図 3-6　"モノ探し" の進行過程における ST ピラミッド型モデルの歪み

⑶　ST ピラミッド型モデルで示す "モノ探し" プロセス

　モノ探しでは，探しモノを "探し当てる" ことで「完了」する場合と，その進行途上で何らかの理由で「中止」する場合がある。「中止」には「諦める」のほかに「探索時間がなくなる」「探索区域に近づけなくなる」など種々の理由があろう。そこで，モノ探しのプロセスには "開始→中止／続行→完了" の様相があることを図 3-6 の ST ピラミッド型モデルのなかに示している。

天守閣型と天守台型

　モノ探しが「完了」した場合は　図 3-7 のように "いびつ" な形の 4 角錐で表すことができる。他方，「中止」の場合は，図 3-8 のように 4 角錐の上部が形成されていない台形として表される。(注：図 3-8 は「探索時間」や「探索区

域」が残されていることを示している.）

　これを，日本の城の形状になぞらえれば，図 3-7 は頂上までの建造物がある天守閣型（たとえば滋賀県の彦根城），図 3-8 は下部の石垣だけが残されている天守台型（たとえば奈良県の郡山城）と見ることができる。

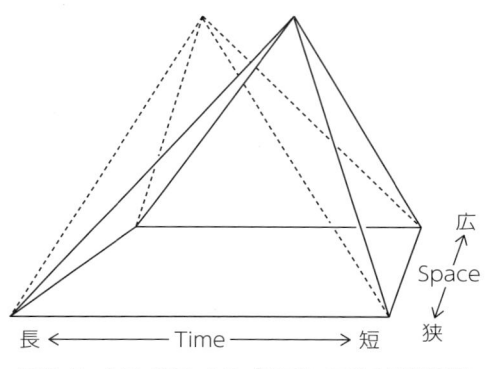

図 3-7　"モノ探し" の「完了」を表す天守閣型

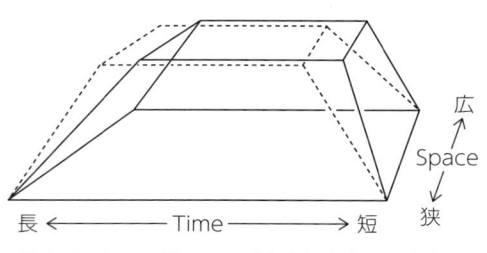

図 3-8　"モノ探し" の「中止」を表す天守台型

ピラミッド型と天守閣型

　ピラミッドと天守閣の形状はかなり違っている。「ピラミッド」は正 4 角錐であって上部は下部に比べて内部空間のサイズが小さくなり，その 4 面はすべて 3 角形から成っている。この形状で表されたモノ探しの進行状態は，その 2 次元空間の各段階でその直前段階よりモノ探しの規模が小さくなって，

モノ探し行動が順調かつ一方向的に "前進" している様子をうかがわせる。他方、「天守閣」は、屋根部分と部屋部分が交互に組み立てられて建っており、その外形は凹凸の繰り返しで、正面（彦根城でいえば "本丸御殿跡側"）の形状から推測すると、モノ探し行動の2次元空間が拡大と縮小を繰り返している様子を見せている。

　ところで、実際のモノ探しでは、"探索区域の縮小" と "探索時間の短縮" が順調かつ一方向的に進むとは限らない。以前に1度は探したことのある区域を見直したり、再度長い時間をかけてやり直すということもよく起こる。この場合は、直前段階よりもサイズの大きい2次元空間が生起していることを意味している。その形状をモノ探しの進行過程の図式で表せば、不規則な凸部が途中で生じることであり、それは天守閣型でいえば、屋根部分に当たるものである。

　こう見ると、実際場面を反映するのはピラミッド型よりも天守閣型だと言えるだろう。

3　STピラミッド型モデルの提案

(1)　モノ探し行動の図式モデルを描く意味

　STピラミッド型という一つの図式でモノ探し行動のいくつかの局面を描いてきたが、このシンプルな図式モデルではあまり複雑な現象を表現することはできない。

　一般に、図式モデルといっても、それがシンプルな形で描かれるとは限らない。筆者もかつて「観光旅行者行動」に関して、多段階的で多要因から成るかなり複雑な図式モデルを描いたことがある（佐々木, 2000. p.379：佐々木, 2007. p.223.）。その場合は、大量に発表・報告されている知見やデータをできるだけ網羅した体系を示すためであった。しかし他方では、豊富にある知見やデータをシンプルな体系に納めるために2次元空間モデルを作成したこともある（佐々木, 1984：佐々木, 1988a）。

　図式モデルの描き方は、当該領域での知見の量と質に依存しているだけでなく、その目的によっていろいろである。

　図式モデルは，その構成者の問題意識と着眼点を，抽象的な表現ではあっても，明確に示すために作られるものである。しかし，それがシンプルであるほど，構成者の意図とは違う展開を生み出す自由度は高く，新しい着眼や課題設定を生み出すのにつながることが多いだろう。一方で，そうしたシンプルなモデルでは，その限界や適用範囲を認識することが必要である。それは，たとえば，モデルを構成する要因，それらに付与する特性，要因・特性間の関連づけ，モデルの適用可能範囲，などで限定的だからである。

　こうした点から，モノ探し行動の図式モデルの提示は，知見やデータが乏しいなかでこの問題への取り組みの出発点における考え方を要約的に描いたものである。そのモデルの妥当性や説明力についての評価は今後の研究成果に委ねられる。ただ，初歩的レベルにあるところから，その行動についての検討や研究のための素材にどこまでなり得るかという問題はあるが，その展開への開放度は高いと言えるだろう。

(2)　ST ピラミッド型モデルの汎用性と具体性

　モノ探し行動に関する図式モデルとして提案した ST ピラミッド型モデルは「探索区域を狭くする」と「探索時間を短くする」という 2 側面を同時進行させる行動として把握したものである。そして，その多様な姿を単純化し抽象的に描いているので，それば“モノ探し”だけの様相をモデル化しているとは言えないだろう。より広く，何らかの程度の“探索意図”がある行為をある種の空間的領域内で行う場合には適用され得るものである。たとえば，通勤・通学のための効率的なルートを見出していく場合や，新たに住むことになった地域で店舗その他の施設のありかを学習していく場合など，認知地図を形成していくプロセスを描写するのに応用できるだろう。また，1 日分あるいは数日分の新聞紙のなかから必要記事をスクラップする場合や，辞書内で相互に関連する項目を探し出す場合など，検索行為のモデルとしても利用できそうである。

　こうした“汎用性”が期待される半面，それらの行為の実質性についてどれほどの説明力が備わっているかという問題も指摘できるだろう。これは，

玩具のプラモデルがそうであるように，モデルというものの必然的性質ではあるので，“基本モデル”を内実化する“副次モデル”でどれほど補完できるかという問題でもある。たとえば，序章で引用した内閣府政府広報室の『遺失物に関する世論調査』における“小さな落とし物”と“大きな落とし物”との間のモノ探し行動の違いなどは，STピラミッド型モデルの原型ではピラミッドの大小で描くことができるだけである。その違いには，遺失者にとっての落とし物の“重要度”いわば“心理的関与度”がかかわってくるが，それはモノ探し行動の多様性に関連する要因で，何らかの補足的説明か副次モデルを必要とすることになろう。

　このことは，図1-3のST2次元空間モデルで表した4タイプの“探し方”の呼称についても言えることである。それらは，大まかな特徴を示しているだけである。そこでは，たとえば象限Ⅲを「的を絞った探し方」と呼んでいるが，その“狭×短”の性質に「やる気のない探し方」の特徴を見ることができないわけではない。さらに“探し方”の具体性については，多くの問題を含んでいる。たとえば図書館の書架で本を探すような場合，並べられている図書の書名を一つずつ見ていく方法もあれば，飛び飛びに見ていく方法もある。（この状況は，後者は蛙が地面をピョンピョンと跳んで“点から点へ”移動する姿を連想させるので“蛙跳び式”と，また前者は同じ蛙が水中では連続的な線を描くように移動するので“蛙泳ぎ式”と，それぞれ俗称することができよう。）このように各象限の“探し方”について，その描写や説明をどこまで具体的かつ的確に行うかが，今後の派生的あるいは発展的な問題として生じる。

(3)　モノ探し行動の心理的側面

　STピラミッド型モデルはモノ探し行動の行為面に焦点を当て，心理面には触れていない。関連するところがあるとすれば，「探索空間を狭めたい」「探索時間を短くしたい」という意図が潜在的な動機になっている点である。この点は，少なくとも外見的には“迷路学習”に似ているように思う。認知機能では「見通し」あるいは「期待」による方向づけが基本になるだろうし，動機面では「コスト・パフォーマンス（費用対効果）」の問題がある。たとえば

「パフォーマンス」では「失くしたことによる損害を回避する」ということだけでなく「安心」や「社会的面目」のような心理的意味もあり，「コスト」では時間・金銭・心身エネルギーなど多面的な負担がある。さらに，モノ探しの途上や終了の段階での気分とその変化もあるが，ここには次節Ⅲで検討する“問題解決”の側面があるので，そのプロセスや方略との関連が関心事になる。

Ⅲ　問題解決としてのモノ探しの過程

1　問題解決過程としての“モノ探し”のとらえ方

　われわれが考える（思考する）のは，何か解決すべき問題が発生したとき，つまり「問題状況」に直面したときであるが，モノ探しを行うのはまさに「モノを失くした」という問題が発生したために，そのモノを見つけることによって問題を解決したいからである。その際，「頭の中で考える」ことだけでなく「探すという行為（探索行為）をする」ことによって，「失くしたモノを見つける」という目標を達成しようとする。だから“モノ探し”なのであるが，心理学には，思考過程を情報処理という視点から論じるとき「探索の過程が問題解決である」という次のような見解がある。

> 「問題」とは，すでに存在している状態と，要求されている状態との差異のことであり，すでに存在している状態からいくつかの変換を繰り返すことによって，要求されている状態にたどりつくことが問題の解決である。その途中の段階では，いくつかの選択の可能性があり，問題空間 problem space はいわば情報処理の迷路のような構造になっているが，その迷路を探索し，選択し，評価する過程を明らかにすることが問題解決の研究であると考える。（『新版　心理学事典』p.790）

　この見解は，本章のⅠで示した図3-1［モノ探しの進行過程に位置づけた具体的行為］に問題解決過程としてモノ探しを把握する根拠を与えてくれる。
　この図3-1では，モノ探しの進行過程を4段階（1.問題認識段階，2.開始

段階，3. 探索段階，4. 終了段階）でとらえている。ただ，この段階設定では，モノ探しの行為の現象的変化に着目して各行為を位置づけていて，その心理的あるいは機能的な意味はとらえていない。

2　モノ探し行動のプロセス・モデル

(1)　機能的側面に着目したプロセス・モデルの提案

　モノ探しに関する行為の機能的側面に着目したプロセス・モデルを描こうとするならば，まずベースとして，もっとも慎重に取り組む場合の“モノ探しのプロセス”を構成することが必要だろう。

　一般的に，「プロセス・モデル」は，本章Ⅰ-3で述べたように，それで表現される心理現象や行動現象に次のような構造的特徴があると見ている：

 ① いくつかの心理的・行動的な位相（段階）から成り立ち，各位相の主たる機能は他位相とは異なっている。

 ② それらの複数の位相には機能的な連関があり，通常，その連関は時間的推移のなかで連続的・動態的にとらえられる。

 ③ それらの位相は相互に影響し合い，機能的な因果関係にあると考えられる。

　そのうえで，“モノ探し行動のプロセス・モデル”には，前記の『新版　心理学事典』からの引用部分にあるように，「いくつかの選択可能性を探索し，選択し，評価する過程」を全体的に把握できるものが望まれる。

　“モノ探し行動のプロセス・モデル”では，その行動における選択・決定の一般的な形を把握することが必要になるが，そのためには，筆者がかつて親しんできた“消費者・購買者”の選択意思決定過程のモデルを参考にすることができる。

　こうしたプロセス・モデルは，1960 ～ 70年代には消費者・購買者の商品・ブランド・店舗などを主な選択対象として，その意思決定過程，情報処理過程，採用過程，コミュニケーション過程，広告効果過程など幅広いテーマに関して数多く提起され（杉本，2012），1990年代には旅行者の目的地（訪問先）の選択に関してもいろいろと提案されてきている（佐々木，2000；佐々木，2007）。これらのプロセス・モデルは，当然，本書での記述の参考にすることができるが，ただ，それらは，商品・ブランド・店舗や旅行目的地などの対象物（いわゆる“モノ”）の選択プロセスを論じるもので，“探し方”のような「行為それ自体」（つまり“アクション”）の選び方を問題にしているものではない。

　そのため，そのままの引用や一部改変によって「“探し方”の選択意思決定過程」を考えるよりも，それらのプロセス・モデルの特徴をふまえて，新たに提示する方が生産的である。その目的で，あらためて“プロセス・モデルの構造”を見るために，消費者意思決定過程の代表的モデルであるエンゲル系モデル（エンゲル，J. F. が1968 ～ 2006年に共同研究

者とともに幾度も改訂を重ねながら提起している一連のモデル）を，杉本（2012, p.50ff.）の集約にならって示すと，①問題認識 → ②情報評価 → ③選択肢評価 → ④購買 → ⑤購買後評価　という５段階の位相から成り立っている。

　こうした意図にもとづく試みとして，モノ探し行動に関して次のような段階構成のモデルを提案することができよう：

問題認識　(1)〜(2)
　　(1) [問題発生の認知] "モノ探し" が必要な事態が発生したことを認識する。
　　(2) [一般的決定] その問題の性質や状況を考えて "モノ探し" をするか，しないかの方向を決める。
探索意思決定　(3)〜(5)
　　(3) [基本的方法の採用] 区域的方法を採るか，継時的方法を採るか，という選択を行う。
　　(4) [選択肢（探し方）の探索] 探索の場所や移動方法，他者からの援助や情報の利用など，どんな "探し方" があるかを考え，既知の "方法" を思い浮かべたり，"有効な探し方" についての具体的情報を求める。
　　(5) [選択肢（探し方）の評価] "選択肢の探索" の結果から，成果（探し当てること）にたどりつくのに有望な方法と有望でない方法を識別する。
探索行為　(6)〜(8)
　　(6) [試行] 本格的な探索の前に，有望だと思われる探し方を試してみる。
　　(7) [試行結果の評価] その試行の方法での成否の見込みをつける。
　　(8) [実行] 成否の見込みにより，成果が得られると思えば，それを継続し，成果が得られないと思えば，その "方法" を変更・修正したり，まったく別の "方法" を新たに採用する。
終了行為　(9)
　　(9) [終了] 最終的な成果（探し当てること）に到達するか，到達しなくてもその "モノ探し" の中止や中断をしたり探索方法を変更（転換）したりする。

　この９段階は「問題解決行動としてのモノ探し」をフル・スケールで描いたものである。

⑵　「探し方」の種々のスタイル

　このプロセス・モデルに従って，モノ探しにおける「探し方」を検討したい。

慎重型と簡略型

　上記の９段階から成るモデルは，モノ探しの "慎重型" と略称することができる。しかし，一般的なモノ探しでは "小さなモノ探し" が圧倒的に多く，(1)〜(9)の各段階を順に経験することは稀で，より簡略な問題解決行動が採ら

れるだろう。つまり，これらの9段階のなかの"探索意思決定"のなかの(4)
～(5)の段階が省略され，探し手が既成知識としてすでに蓄えている"習慣的
な探し方（選択肢）"がそのまま利用されるのである。これは"簡略型"と呼
ぶことができる。

洞察型と試行錯誤型

　問題解決の方法の研究は心理学の伝統的なテーマであり，その代表的な仕
組みとして「洞察」と「試行錯誤」が挙げられる。洞察は，解決できるとい
う見通しが持てる手続きのもとに行為を選択することであり，試行錯誤は，
そうした見通しが立たない場合にいろいろ試みて失敗を繰り返すうちに偶然
成功した行為によって解決していくことである。

　前項の慎重型と簡略型は，有望な探し方を新たに作り出すか，これまでの
経験からすでに作っているかの違いはあるが，いずれも見通しを立ててモノ
探しを行うスタイルであって，"洞察による解決法"つまり「洞察型」と言え
るものである。しかし，そのような有望な探し方がなくて探しモノを見つけ
る手段についての見通しが立たない場合もある。そのような場合には，あく
までも有望な探し方を見出すための努力を重ねるよりも，とにかく，場所を
変えたり手がかりや視点を変えたりと，いろいろな探し方を試みて，なんと
か成功（対象物を見つけること）にたどりつきたいと思うであろう。このような
探し方をすることを「試行」と呼んで，上記の9段階のなかに位置づけてい
る。ただ，モノ探しの試行は一種の「実行」の形になる。試しに行ったとし
てもそれ自体が「実行」の一部であり，その探し方がたまたま成功した場合
には，それ以後のモノ探しを行う必要がなくなる。他方，試行によって成功
しなかった場合にも，その経験は「成果に結びつかない探し方」として記憶
されるので，やはり「実行」の一種の形態になる。しかし，9段階のなかの
(4)・(5)の「選択肢（探し方）の探索・評価」が不十分な場合やそれが行われ
ない場合には，その探し方のなかに「試行」という行為が入ってくる可能性が
ある。このような探し方のスタイルは"試行錯誤型"と呼ぶことができる。

衝動型

　とりわけ "小さなモノ探し" では，多くの場合，その "探し方" について
種々考慮し，慎重に選択することは少ないだろう。モノを落としたことや忘
れたことに気づいたとき，すぐに "モノ探し行為" に入ることが多い。その
理由には，次のような条件がある：

　　　a．"対象物" は明確である。つまり "失くしたもの" である。

　　　b．"目標" は対象物を見つけることであり，はっきりしている。

　　　c．"探索範囲" はかなり限定されていることが多い。

　　　d．ふだん，しばしば経験することなので，従来のやり方を採ればいい。

　この時の探し方は，上記の9段階モデルで表すと，(2)一般的決定で「モノ
探しを "する"」と決めたなら，直ちに(8)実行に移るというスタイルである。
ふだん，失くしたり落としたりする機会が多いモノについては，所要時間や
身体的・精神的負担などの探索コストがかからないように行われることが多
いだろう。

3　モノ探し行動のプロセスのスタイル間比較

　こうして "モノ探し" の探し方は4種類に分けられるというのが，筆者の
当面の考えである。つまり洞察型の2タイプ（慎重型，簡略型）と試行錯誤
型および衝動型である。これらの間には，そのプロセスを構成する段階（位
相）に違いがあることを述べてきたが，それを一括して示すと表3-2になる。

表3-2　モノの探し方の各タイプの段階構成

	慎重型	簡略型	試行錯誤型	衝動型
(1)　問題発生の認知…………………	○	○	○	○
(2)　一般的決定……………………	○	○	○	○
(3)　基本的方法の採用……………	○	○	↓	↓
(4)　選択肢（探し方）の探索……	○	↓	↓	↓
(5)　選択肢（探し方）の評価……	○	↓	↓	↓
(6)　試行…………………………………	□	□	□	↓
(7)　試行結果の評価…………………	□	□	□	↓

(8) 実行……………………………	○	○	□	○
(9) 終了（完了）…………………	○	○	○	○

(注)○は「あり」を，□は「試行は実行の一部になる」を，↓は「次へ」を意味する。

　このように整理できるが，実態はかなり複雑であろう。特に試行錯誤型は単純に描くことができない。「試行＝実行 → 試行（＝実行）結果の評価」というプロセスを繰り返す探し方であり，その進行を単線的に描くことは難しい。また，試行がどれほど意識的に行われるかということもあって，モノを探す必要が生じたとき「なんとなく，手近なところを探し始める」という場合もあり，"衝動型"との違いも明瞭でなくなる。「試行結果の評価」についても，一般的な問題解決行動における"学習成果"とは異なり，モノ探しはいったん成功すれば終了し，反復することがないために，その「結果の評価」が活用される機会も限られるだろう。

Ⅳ　モノ探し行動を俯瞰する暫定モデル

1　心理学的理解の現在レベル

　本書の第1章と第2章では「モノ探し」の具体的行為を，呪術的方法の利用を含み多面的に拾い出し，ポイントとなる現象に関しては部分モデルを描いて，「モノ探し行動」の実相に迫ろうとしてきた。そして，それらの内容とその考察をふまえて，第3章のⅠ〜Ⅲでは，「モノ探し行動」を進行過程としてとらえる視点を明確にし，また，それを「問題解決行動」として意味づける試みも行った。

　これら一連の論述を通して「モノ探し行動」の現象的特徴を明らかにすることに近づく努力をしたが，ここで，これまでに述べてきた内容を関連づけ総括して一つの枠組みを構成することが，今後の論議の展開のために必要であると考える。

　そこで，本節では，「モノ探し行動」に含まれる種々の基礎的行動やその体系的理解を試みた部分モデルなどに着目し，それらを位置づける図式モデルを暫定的に描いて「モノ探し行動」の全体像を可視化し，この行動に関する心理学的理解の現在レベルを示したいと思う。

2　モノ探し行動に関する暫定モデル

　暫定モデルは，基本的には本書の第 1 章〜第 3 章で述べた内容から構成されている。ただ，消費者や旅行者の行動モデルを描いてきた筆者の経験から，既述内容になくても不可欠であると考えられる要因が書き加えられている部分もある。

　その暫定モデルを図 3-9 に示す。

　この図式で二重線に囲まれた部分が，筆者が考える「モノ探し行動」であるが，それは大別して 4 段階で構成されている。つまり「モノ探し行動」の進行に沿って，次の行動的位相があるとしている：

　　問題認識 ⇒ 探索意思決定 ⇒ 探索行為の実行 ⇒ 終了

　　（探索意思決定や探索行為の実行の段階で「呪術的方法の利用」が行われる場合がある。）

3　4 段階の行動的位相についての説明

　これらの位相について簡単に説明しておきたい。

第 1 位相：問題認識

　「モノ探し」が必要な事態が発生したのを気づく状態（＝問題認識）が「モノ探し行動」の起点になる。

　この位相には，「探しモノ（対象物）」があること，つまり "モノを失くしたこと" に気づくこと（＝認知）から，そのモノを「探すか，探さないか」を決めるまでの心理的状態が含まれる。そこで「探す（＝探索）」という方向性が生まれる際には「そのモノが必要だ」「そのモノを失くしたくない」という接近型または損失回避型の "探索動機" が成立し，「そのモノを探そう，そ

探し手の個人的要因／生活状況的要因／社会・環境的要因

〔モノ探し行動〕

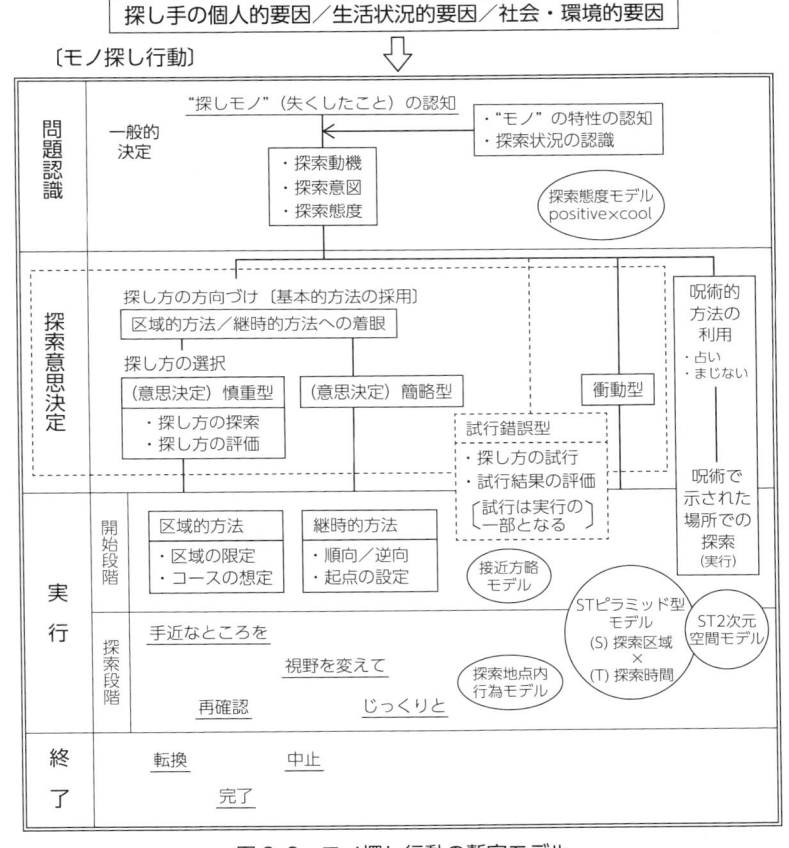

図 3-9　モノ探し行動の暫定モデル

のモノを見つけ出そう」という積極的な "探索意図" が形成される。こうした探索への心理的準備態勢が機能するためには，普通「そのモノが大切だ」「そのモノに価値がある」「そのモノの代替品はない」というような "モノの特性の認知" がある。この "特性" は一般に「心理的関与」という概念で代表させることができるだろう。（具体的には，探し手にとっての重要性，価値，希少性，再入手困難性などが考えられる.）さらに，積極的な "探索意図" が形成され

るためには「その探索が成り立つ見込みがある」「その探索は成功する可能性がある」という "探索成果についての楽観的認識" があることが促進的に働くことが必要で，ここでは "期待（見通し）" という認知機能が重要である。また，探索の必要性，緊急性，リスク，困難さなど，"探索状況についての認識" も関連するだろう。こうした心理的影響を受けて探索への積極性が生まれるが，他方，「探しモノ（失くしたこと）」に気づいてもこれらの要因（探索動機，モノの特性の認知，探索意図，探索状況についての認識）の機能が働かない場合には，その後のモノ探し行動は発現しない。しかし，そのモノの探索への積極的方向が生まれると，探索態度が形成される。ここでの代表的な促進的次元として「ポジティブな態度」と「クールな態度」を想定することができる。この 2 次元の態度は相互に独立的な性質のものとして，①「ポジティブ（positive）な態度が強い〜弱い」と②「クール（cool）な態度が強い〜弱い」の組み合わせから成る平面で表される "探索態度モデル" を描くことができる。

第 2 位相：探索意思決定，および呪術的方法の利用

　モノ探し行動が行われることになれば「探し方」を決める段階に入る。ここでは，探し手がもっぱら主体的な問題解決法による探し方を採用する「探索意思決定」の過程があるが，時には超自然的に探し方を教示される「呪術的方法の利用」が見られる場合がある。

　まず「探索意思決定」では，"探し方の方向づけ" を行う「基本的方法の採用」のステップが "ある場合" と "ない場合" に分かれる。このステップが "ある場合" は，まず探索の基本的方法である「区域的方法」と「継時的方法」の一つまたは両方の採用を意識したり視野に入れて，合理的な意思決定としての出発点が固められる。

　しかし，この "基本的方法の採用" が意識的に行われないことも多く，その方法が無意識的（自動的）に選ばれることもある。いずれにしても，その後に "探し方の選択" が行われるが，その際，4 タイプがあると考えられる。そのなかには，まず，新たに「探し方の探索」を行い，どの探し方が成功に結びつくかという「洞察」にもとづいて探し方の「評価」を行う「（洞察型）

慎重型」と，「探し方の探索，評価」を新たに行わず過去経験や外部情報に依存する「(洞察型) 簡略型」という2タイプがある。

　このような合理的な意思決定の筋道をたどらず，探索意思決定の過程をスキップすることもあり，それは「衝動型」(第3タイプ) と呼ぶことができる。このタイプでも，行為がただ闇雲に行われるのではなく，探し手の過去経験や外部情報の蓄積が活用される。

　これらの3タイプに加えて「試行錯誤型」を想定することができる。このタイプは「探し方の試行」を行い，その「試行結果の評価」をするもので，稀には行われるであろう。その試行の経験は，成否にかかわらず蓄積され，"探し方の見込み"を作る情報となり，次の第3位相「実行」の一部になる。

　他方，探し手が自力で探し方の選択に至る「探索意思決定」とは異なり，ここで「占い」や「まじない」などの呪術的方法が利用されることもある。多くの場合，呪術的方法の利用は，自力的な探索の「実行」で行き詰まったために採られる"最後の手段"であり，主に"探索場所"に関する情報を呪術で得てからそれにもとづいて自力的な「モノ探し行動」を行うことになる。そのため，呪術的方法の利用は探し手の「探索意思決定」を援助する働きをするものと考えることができよう。

第3位相：探索行為の実行

　「問題認識⇒探索意思決定」という心理的過程を経て「探し方」が決まってくると，次は具体的行為によってモノ探しを「実行」することになる。

{探索区域と探索時間で見る全体的特徴}

　通常，特定地点ですぐに「モノ探し」が成功する (探しモノを発見できる) 場合は稀で，探索区域をある程度限定して探索時間を投入することが必要になるので，「モノ探し行動」の全体的特徴を「探索区域の広さ」と「探索時間の長さ」によって把握することができる。そこで，①「探索区域 (Space, 略してS) が広いか，狭いか」と②「探索時間 (Time, 略して T) が長いか，短いか」という2次元を組み合わせた平面的図式を描くことができ，これを「ST2次元空間モデル」と称している。

　この視点で実際の「モノ探し」を見たとき，その実行が進むにつれて生じることは次のようにまとめることができる。まず，探し始めたときには想定される探索区域（S）は広く，必要な探索時間（T）は長いが，探しているうちに探索区域（S）は狭くなり，探索時間（T）は短くなっていくだろう。つまり，SとTが限定されていくわけであり，したがって「モノ探し」が進行する様子はSとTの各次元の程度が減じていく変化として表現することができる。そして，探しモノが見つかり「モノ探し」が"完了"した場合には，その時点で「探索区域がなくなる（Sがゼロになる。）」と「探索時間が不必要になる（Tがゼロになる。）」という状態が生まれる。したがって，「モノ探し」の進行状態は，「ST2次元空間」が連続的に縮減していき，最後に"点"になるという立体的図式で描くことができ，探索開始時点でのST2次元空間を底辺にした"4角錐"をイメージ化できる。この4角錐をモノ探し行動に関する「STピラミッド型モデル」と命名している。

　しかし，「モノ探し」の進行を具体的に見ると，本章Ⅱで述べたようにSTピラミッド型の「歪み」で表される。

［開始段階と探索段階での具体的行為］

　「実行」の具体的行為は，開始段階（モノ探しの行為を始める段階）と探索段階（特定の探索地点内で探索を展開する段階）では違いがある。

　「開始段階」では，「区域的方法」と「継時的方法」のどちらを採るか（あるいは，両方を併用するか。）が問題になる。「区域的方法」を採る場合には，発見可能性の高い区域・場所の見当をつけ，その地点へ行って，その内部で「モノ探し」を始めることになる。また「継時的方法」では，紛失したときの状況を時間的順序とともに想起し，順向型であれ逆向型であれ，その起点から「モノ探し」を始めることになる。

［接近方略モデルと探索地点内行為モデル］

　これらの「探索行為」の2段階のそれぞれで，採られる具体的行為を把握するためのモデルを提案している。

　開始段階では，「接近方略モデル」をフローチャートで描き，区域的方法と継時的方法のどちらを採用するかという選択から出発するが，その後の経過

のなかで両者が交差することもあり得ると考えている。また「探索段階」に関しては，探し手の取り組み方を表す①「手近なところを探す〜広範囲に探す」と②「じっくり探す〜手早く探す」という2次元を組み合わせた「探索地点内行為モデル」を作成し，典型として4タイプの探し方があると考えている。

第4位相：終了

　一つの探索区域のなかでの「モノ探し」を終えるときの行為は三つに分けられる。探しモノを見つけて目的が達成された場合は「完了」であるが，目的が達成できないのに行為をやめるのは「中止」であって，行為が再開（継続）される可能性を残している（この場合は「中断」である）。しかし，その区域では探し出せない（目的を達成できない）と考えて探索区域を変える（移動する）こともあるが，これを「転換」と呼び，その「モノ探し行動」が継続されることを示している。

探し手の個人的要因，生活状況的要因，社会・環境的要因

　暫定モデルではモノ探し行動の諸行為にその行動システムの外部から影響する一般的要因を"外部要因"としているが，それらは二重線の外部に一括して位置づけているだけで，その具体的特性は示していない。各要因でモノ探し行動に関連する特性には何があるのか，どの段階で特に強く影響する特性なのかなど，検討課題は多いが，以下では一般的に想定される特性を挙げるだけにしたい。

［探し手の個人的要因］

　まず，パーソナリティ特性が考えられる。たとえば，一般的性格検査でよく測定される神経質，活動性，のんきさ，心配性，慎重さ，衝動性などが関連すると思われる。知的特性でも熟慮性，計画性，記憶力，空間認知能力，想像力，情報処理能力などを想定することができる。探し手の行動自由度（逆に，ハンディキャップ度）のような身体的・精神的条件も無関係ではないだろう。

　また，生活意識についても考える必要がある。たとえば，モノに対する愛着心・執着心，生活時間の使い方やコスト感覚，自己責任の認識の仕方，生き方における完璧主義，などが関連するのではないか。

[探し手の生活状況的要因]

　家庭や職場などで個人生活にかかわる諸条件が考えられる。たとえば，日常的行動範囲（特に探索区域の親近性・熟知性），生活の繁忙度・緊張度，情報の利用可能性，居住条件（住居構造，専用空間など），交通・移動環境，就業・職場条件など，がある。

[社会・環境的要因]

　背景的条件として，社会的な物質価値観，遺失物に関する社会的な意識や制度などが想定される。

4　暫定モデルの提案から生まれる問題

　この暫定モデルそれ自体に関する問題やこのモデルの提案から派生する問題がある。

暫定モデルの意味

　このモデルは，本書で既述した内容をベースにしている。それは，モノ探し行動に関する研究が心理学的に意義のあることを示し，今後深められる研究の素材や刺激になることを期待しつつ，現時点での筆者の知見を全体的に整理したものである。しかし，その知見の蓄積は問題へのアプローチにおいて“中間的”あるいは“途上的”な段階にあると認識している。モノ探し行動を理解するためには，差し当たり，このモデルで表されている心理的・行動的領域の存在を裏付けることが求められ，そのうえで，これらの領域で影響する諸要因に関する分析が必要である。たとえば，探索意思決定段階での「探し方の選択」はこの 4 タイプに集約されることを確かめて，その選択にかかわる要因を明らかにすることが課題になるであろう。また，実行段階では具体的な探索行為の類型化を行い，その行為の選択を決める要因などが当面の関心事になるだろう。

　この暫定モデルがモノ探し行動についての疑問や課題を生み出す手がかりとなり，その分析を拡大し深化する契機を提供することを期待したい。

モデル構成の視点

　このモデルは，主に，モノ探しの進行過程における外部表出行動（＝行為）の様相を描いているが，その心理的側面の内容にはほとんど踏み込んでいない。しかし，この行動には多くの心理的側面が関連している。具体的には躊躇，迷い，葛藤，思惑，焦り，不安などを伴っていることが多く，また満足感，達成感，安堵感などを生み出す場合も稀ではない。社会心理的な面目，見得，羞恥，隠蔽などとも無関係ではない。したがって，合理的な問題解決行動現象としてだけでなく，複雑な感情現象としてとらえることもできるだろう。つまり，この暫定モデルは，こうした多面的な現象の一面を切り取って構成したものであるので，別の視点から，より豊かな知見をふまえて構成される可能性も十分ある。

効率的な探し方

　このモデルで示した知見を日常生活での“効率的な探し方”にいかに結びつけるかという問題がある。ここで「効率的」とは「特定のパフォーマンスを低コストで達成すること」だが，この視点はモデルのなかには表れていない。ただ，モノ探しの行動プロセスを示しているので，実際にモノ探しの状況に当面したとき，採るべき行為の見通しを立て，迷いや繰り返しを避けるのに役立てることはできるだろう。また，問題認識段階での「態度モデル」や実行段階での「接近方略モデル」「探索地点内行為モデル」などが，モノ探し行動の具体的オプションを描くための参考になることを期待したい。

　モノ探しの「コスト」は身体・心理・時間・金銭などの面での「負担（感）」として行動過程の各段階でとらえることができるが，「パフォーマンス」は「失くしたモノを見つけること」が成就できなければ成り立たない。つまり，この暫定モデルで描いている各段階で低コストが実現されても，終了段階で「失くしたモノを見つける」という成果に結びつかない限り「効率的」と言う

ことはできない。（モノ探しの「効率」については第5章で考察する。）

モノ探し行動の多様性

　このモデル構成では，モノ探し行動に多様な形があることを予想している。その多様性は，具体的なモノ探し行為の連鎖として現れるが，それは，探し手が認知する"モノ（対象物）の特性"や"探索状況"によって大きく影響されるだろう。たとえば，モノ探しの"対象物"に関して見れば，生活必需品・生活雑貨を探す場合と宝飾品・貴重品を探す場合との間には違いがあるだろう。探索状況については"緊急性"が探し方を変えるだろう。（「探索状況」については第4章で詳述する。）それに，探し手の個人的要因や生活状況的要因が付加的に関与することも想定される。さらに，モノ探しの進行過程での行為の選択が相互に関連し影響し合うことも多様なパタンを生み出すだろう。このような動態的側面については，本モデルはいっさい触れていないが，この図式内に示されている行為や要因の間の結びつきに見られるさまざまなパタンをとらえるための方法論を構想するヒントを提供できるだろう。

モノ探しにおける状況要因

「モノ探し行動」は消費者行動の一つであると考えられるので，消費者行動における状況要因のとらえ方について見たうえで，モノ探し行動の外部要因と内部要因に関して考察する。さらに，「状況要因」の概念と特徴についての検討を経て，その要因の探索状況における心理的側面と実態的側面の構成内容を例示する。

I　消費者行動における「状況要因」

1　消費者行動分析での状況要因への着目 ── 筆者の場合

⑴　消費者行動モデルでの状況要因の位置づけ

　モノ探し行動における「状況」の影響を考察するにあたり，消費者行動に関する「状況要因」について見ておきたい。それは，筆者が「モノ探し」は消費者行動の一種であると考えているからであるが，その理由は次の通りである：

　　生活財に関する消費者行動は「入手→使用→維持→処理」という 4 段階の系列から成り立っていると考えられるが（佐々木，1980a. p.121），モノ探し行動はその段階のどこか（主に，使用か維持）で，その生活財を失くしたために "再入手" を図る行動の一つである。ちなみに，再入手の方法には，再購買，他者からの譲渡や借用，代替品の入手などもある。

　この考察にあたって，まず「状況要因」に関する筆者自身の消費者行動研究の経験を追跡することにしたい。

　筆者の職業的経歴で最初に就いたのはマーケティング・リサーチ（1960 〜 67 年）であったが，当初は依頼されたリサーチ課題について個別的に取り組む傍ら，それらの課題に応えるために心理学的着想を導入することを模索していた。その過程で「消費心理学」という研究領域の構想が生まれてきたが，

消費者行動に関する体系的な論述を行うようになったのは，1970年頃からである。そうした論述では，消費者行動の図式モデルを描いて説明するというスタイルを採ることが多かった。その後，経験を重ねつつモデルを徐々に補強するなかで，状況要因の位置づけを明確にしてきた。その経緯を表す論述を取り出すと，次の通りである：

[1969年]　「買い手行動と心理的要因」（佐々木，1969a）において "買い手行動の成立条件" を示す図式モデルを描いているが，これは Lewin, K. が表した　B = f（P, E）を「買い手行動（B）は，個人的条件（P）と環境的条件（E）に規定される」と理解した単純なものであった。買い手行動に購買意思決定と購買行動の2段階を設け，個人的条件にはデモグラフィック要因，社会的要因，経済的要因，心理的要因，生理的要因という5要因を，また環境的条件として市場構造（商品特性，販売条件から成る。）とコミュニケーション要因を挙げている。ここで，市場構造の要素である "販売条件" について「たとえば，どこで，どのような店で，どんな方法で売られているか」と付記しているが，「状況要因」とは言っていない。

[1972年]　「行動科学からみたこれからの食生活」（佐々木，1972c）で，" 人間行動の成立過程 " と名づけた図式モデルを描いている。このモデルは図4-1に示すような素朴なものであるが，動機づけ➡行動の段階での「状況（場）」の影響を強調し，〈状況〉が食行動に関係する場合，ヒトは自分の動機づけに適合する状況を求めるという側面もあるが，客観的・外部的な存在としての〈状況〉が影響して食行動を変えるという側面もある（p.58）と述べ，物質的状況，時間的状況および社会的状況があることを指摘し，その例として物質的状況では住居構造，時間的状況では時間利用の仕方，社会的状況では友人・近隣との個人的関係やマスコミを通した社会全体との関係，などを挙げている。

[1974年]　マーケティングのテキストの分担執筆で「消費者行動」（佐々木，1974）の章を担当し，消費者の心理的

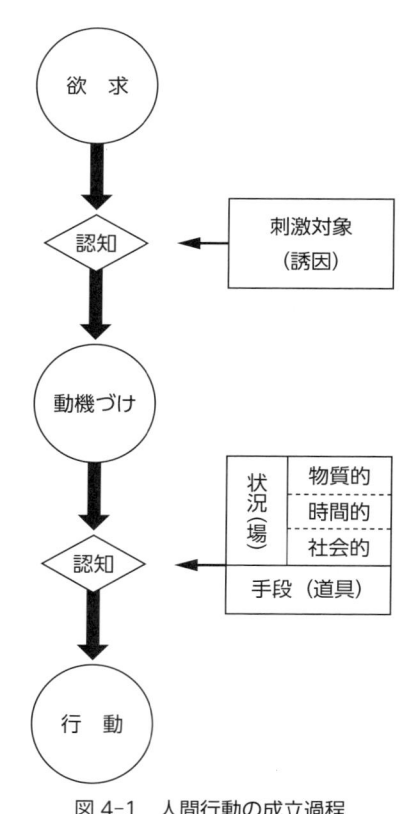

図 4-1　人間行動の成立過程
（佐々木，1972c）

領域と外部行動的領域に対して環境・状況という外部的条件と個人的条件が影響するという枠組みを図式として示した。ここで「環境（物質的，社会的，文化的）」と「状況（空間的，時間的）」を区分し（p.282），状況は「特定対象（財・サービス）に関する消費者行動に対して一時的な影響を与える」と説明している（p.284）。

[その後]　消費者行動に対する外部的条件を影響力の"永続性"の面から2区分し，ある程度永続的な社会文化的・経済政治的・自然風土的な条件である「環境」と，特定の行動が行われる TPO（time, place, occasion）という一時的条件の「状況」を分けてとらえる図式を示すことが通例になった。その一例が心理的過程を中心に描いた図4-2である（佐々木, 1993b）。

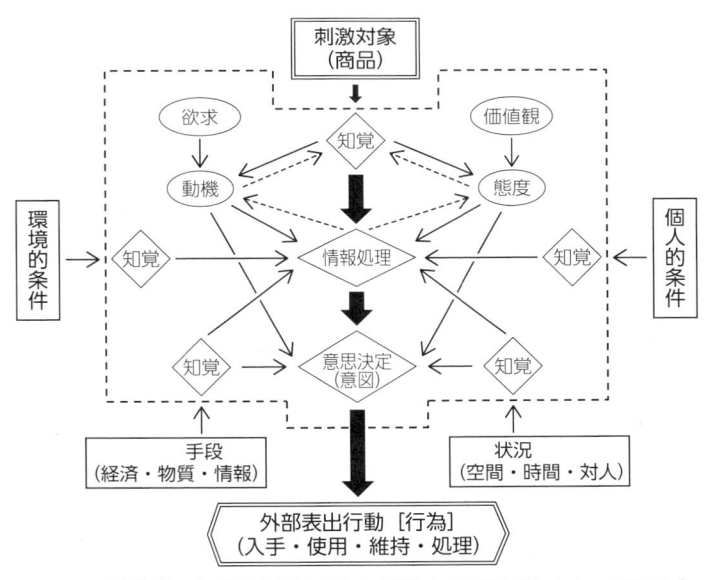

図 4-2　消費者の心理的過程とそれに影響する要因（佐々木，1993b）

(2)　購買態度に関する実証的分析による状況要因の抽出

　　筆者は1975年頃から因子分析や主成分分析を用いて購買態度の構造分析に取り組み始め，その10数年間の成果を『購買態度の構造分析』（関西大学出版部, 1988b）にまとめているが，その初期の仕事に"購買態度にもとづく商品分類"を行ったものがあり，その出発点に当たる因子分析の結果として「状況依存性」を意味する態度特性を抽出している（佐々木・長尾, 1977；佐々

木, 1988b. pp.274-282）。そのデータおよび分析の概要は次の通りである。

　　調査および基礎データ：　われわれが日常生活で購買・使用する生活財（商品）から男性用 120 種，女性用 122 種を選定し，わが国の 9 大都市部に住む一般男女（15 ～ 59 歳）4,435 人（男性 2,208 人，女性 2,227 人）を対象者とする質問紙留置調査で収集した購買態度 19 項目のそれぞれの "選択回答率"（その商品の購買でその態度項目が「当てはまる」という回答をした％）の基礎データを（株）日本マーケティングシステムズから提供された。ただし，調査実施にあたり上記の対象者は男女それぞれで無作為に 12 グループに分けられ，また商品も類似品目の 12 群に分割されてグループごとに提示されたので，具体的なデータは男性では 10 商品×19 態度項目，女性では 10 ～ 12 商品×19 態度項目についての対象者 170 ～ 200 人にもとづく選択回答率であった。

　　データの測定論的検討と因子分析用データの作成：　基礎データの選択回答率（％値）を逆正弦（シータ θ）変換して正規分布化が図られ，男女それぞれで 12 グループに分かれている行列表を連結することの妥当性を検討して，男性 120 商品×19 態度項目，女性 122 商品× 19 態度項目から成る θ 値行列表が作成された。この男女別の行列表で態度間相関を算出し，19×19 の相関行列に対する因子分析を行い斜交解（Promax 解）による 6 因子が抽出された。

　　6 因子の解釈・命名と 2 次因子分析：　男女別に抽出された 6 因子には共通の解釈が可能で，次のように命名された：①忠実購買傾向，②情報収集傾向，③社会的特性重視傾向，④情緒的特性重視傾向，⑤市場的特性重視傾向，⑥即断購買傾向。そして，女性データに関して，これら 6 因子の因子間相関から 2 次因子（直交解）を抽出し，「経験中心性」「外部（他人）指向性」「状況依存性」と解釈できる 3 因子が見出された。

　　購買態度における「状況依存性」：　上記の「状況依存性」は 1 次因子の⑤市場的特性重視傾向と⑥即断購買傾向から構成されるものであるが，この 2 因子を構成する購買態度を見てみると，⑤では「新製品が出ると使ってみたい」「よく広告しているものを買う」「似たものが多くどれを買うか決めにくい」などであり，⑥では「思いついて急に買うことがある」「値段の差があまり気にならない」「あまりメーカーやブランドが気にならない」などである。

　　因子得点にもとづく商品分類：　6 因子のそれぞれの因子得点を男女共通商品の 100 品目について算出し，単一因子あるいは複数因子で高得点を示す商品を取り出した。たとえば，「状況依存性」を構成する⑤市場的特性重視傾向で男女ともに高得点を示すのはインスタントラーメンやチョコレート，女性ではパンティストッキングであった。

　　この分析で見出された「状況依存性」（主要素は⑤市場的特性重視傾向と⑥即断購買傾向）という商品購買態度の特性は "状況による影響を受けやすい" ことを意味している。

　　この実証分析とほぼ同時期に筆者は「購買態度の基本的次元」の分析結果の報告を始めており，その後の 10 数年間にこのテーマを中心とした研究発表を行ってきた（佐々木, 1988b. pp.71-235.）。その初出論文は「購買態度の基本的次元の分析：合理性と情緒性」（佐々木, 1976）であるが，その分析内容

の概略は次の通りである。

　調査とデータ：　（株）日本マーケティングシステムズが東京都内に居住する 15 ～ 49 歳の男女 900 人を対象として実施した質問紙留置調査で，有効回答者 597 人から得た 26 項目の購買態度データに関する因子分析（斜交解）によって抽出した 8 因子にもとづく行列表（26 項目 × 8 因子）と因子間相関表が基礎データである。

　2 次因子分析および追加データ分析による 2 特性の抽出：「合理性」と「情緒性」：　基礎データの因子間相関を主成分分析（直交解）した結果の 2 次因子では，因子Ⅰは元の 8 因子解で「流行指向」「売手情報指向」「信用購買指向」「ムード指向」と命名されている 4 因子に高負荷し，因子Ⅱは「探索指向」「節約指向」「低価格指向」「安全購買指向」の 4 因子に高負荷した。そこで，これらの 8 因子に高負荷を示した各 2 項目（計 16 項目）を取り出し，あらためて（社）流通問題研究協会が東京都杉並区で一般世帯の主婦を対象とした質問紙留置調査で得た有効回答 700 人から半数分 353 人のデータを因子分析（直交解）したところ，第 1 因子には上記の 8 因子解のなかの「流行指向」「売手情報指向」「ムード指向」の 3 因子の高負荷項目が，また第 2 因子には「探索指向」「節約指向」「低価格指向」の 3 因子の高負荷項目が，それぞれ高い負荷を示した。（「信用購買指向」と「安全購買指向」から選ばれた各 2 項目は第 1・第 2 因子の両方に低い負荷しか示さなかった。）この分析結果から，第 1 因子は「情緒性（Emotionality）」を意味し，その下位的次元の意味は（e1）商品選択における感覚的あるいは情緒的価値の重視，（e2）商品選択に見られる流行性や革新性への積極性，（e3）広告や店従業員の勧奨など売手情報への依存性，と理解された。また第 2 因子は「合理性（Rationality）」を意味し，その下位的次元は（r1）商品選択における実用的あるいは必需的価値の重視，（r2）商品選択に見られる経済性や低価格性への積極性，（r3）商品や店舗の比較や探索における広範囲，を意味すると考えられた。

　購買態度の「合理性」と「情緒性」を測る心理的尺度 REC scale の構成：　購買態度の基本的次元は相互独立的な「合理性」と「情緒性」という 2 次元から成り立ち，それぞれが三つの下位的特性を持つという因子分析的検討をふまえて，12 項目で構成される態度尺度が作成され REC scale（レック・スケール）と名づけられた。この尺度によって種々の測定論的検討を行い（佐々木，1988b. pp.112-134），その結果，「情緒性」次元の下位的特性 e3 の 2 項目のうちの一つである「⑦買う時にはよく広告している店で買う」が期待通りの機能を発揮しないことが多いために，「⑦買う時にはよく広告しているブランドを買う」という表現上の変更を行い，（株）ビデオ・リサーチが全国的規模で実施した『テレビ視聴率調査』の一部として新フォーマットの REC scale のデータを 20 ～ 70 歳の主婦 1,559 人から収集した。この改訂 REC scale についての因子分析的検討の結果は新項目⑦が「情緒性」の下位的特性として安定していることが分かった。（上記⑦の数字は 12 項目中での配列順を示す項目番号である。）そして，この改訂 REC scale については，種々の測定論的および実践的検討を加えて，態度尺度として実用に供することができるという裏付けを得た（佐々木，1988b. pp.153-235.）。

　こうした REC scale に関する因子分析の結果を見ると，基本的次元（2 次因子）の「情緒性」の下位的特性（1 次因子）として「依存性」があり，その測定項目には「⑥買う時には店員がすすめるものにする」と「⑦買う時にはよく広告しているブランドを買う」がある。この 2 項目は「売手情報への

依存性」を表しているが，言い換えれば，「売手情報という状況要因に依存する」ことである（佐々木，1988b. p.104）。より広く見れば「合理性」次元の下位的特性である「探索性」に関する 2 項目は⑤店舗間比較や⑩商品間比較を意味しているが，これは"販売状況への対応"をとらえるものである。

　上述の二つの実証的分析は購買態度の構成要素を広い範囲で把握したものであるが，「状況への依存性」という性質を見出しており，状況要因が無視できないことを示している。

2　Belk, R. W.（1974）による状況要因に関する先駆的考察

　消費者行動研究における状況要因に関する先駆的な業績の一つに Belk, Russell W. の仕事がある。ここでは Belk（1974）が Faculty Working Paper として発表している「消費者行動における状況的影響」と題された論文で，"状況要因"を"環境要因"と区分しその具体的特性を論じて，消費者行動における影響因としての「状況」を考察するための枠組みを示している部分を見てみたい。

<u>消費者行動の決定要因における「環境」と「状況」の区分：</u>
　Belk は，まず，状況（situation），環境（environment），脈絡（context），事態（circumstances）などの用語の使われ方は曖昧で一貫せず，結局「状況とは何か」という問いがなされたことも答えられたこともないと述べ，「状況」と「環境」は消費者行動への影響因として明確な違いがあり，同義的に用いられてはならないと主張している（p.1）。つまり「環境」は広義の構成概念で行動の一般的外的条件（milieu）を表しているが，「状況」はもっと短期的・一時的意味の概念であるとし，環境と状況の関係を見れば，「環境」は「状況」の永続性のある特徴であると考えられ，他方「状況」は全環境内で特定の時点で個人にとって利用可能な要素との"その場限りの遭遇（episodic encounter）"を表していると言う。そこで「環境」は時間的範囲（time span）が広いだけでなく該当する地理的領域も広大であるのに対し，場所や時点に関する個人的経験はより狭い「状況」との関連でのみ描写されると考えている（pp.1-2）。

<u>消費者に対して影響力が強い 5 要因：</u>
　そして Belk は，消費者行動における「状況」の意味を理解するために，消費者に働きかける影響力を 5 カテゴリーに区分する（pp.2-4）。
① 個人消費者特質（individual consumer characteristics）……たとえば，パーソナリティ，知能，年齢，性など。この特質は，特定個人において，時間的経過のなかで安定し（持続性がある），状況や環境を通じても安定している（一般性がある）という性質を指している。
② 製品提供特質（product offering characteristics）……たとえば，ブランド・ネーム，価格，パッケージ，デザイン，カラーなど。マーケッターが統制できる側面であるが，

その特質が単一では消費者の注目を集める場合があっても，一つの状況を構成するほどのものではない。

③　マクロ環境特質（macro environmental characteristics）……たとえば，文化的価値，経済的条件，技術水準，法律など。非常に多くの消費者によって共有され社会的制度として機能している環境側面である。この特質は，消費者行動の長期的変動や文化的差異についての理解を促すが，即事的な選択行動を説明する力は弱い。

④　ミクロ環境特質（micro environmental characteristics）……たとえば，非公式集団への所属，家族関係，居住地域，所得など。この特質は個人差が大きく，個人が統制できることもある。

⑤　状況的特質（situational characteristics）……たとえば，物理的周辺条件，時間条件，対人的周辺条件，ムード，目標指向性など。上記の４特質よりも変化しやすく，個人や環境による差異も大きく，その影響の発生の時点や場所が特定化されている。

「消費者状況」についての定義：

Belk は消費者に関する状況的特質を「消費者状況（consumer situation）」と称し，それを定義して「個人的（個人の内部の）属性や刺激（選択肢）属性に関する知識からは得られない，また，その時点の行動に対して明白で系統的な影響を与える，一つの観察の時点や場所に特有のすべての要因」としている（pp.4-5）。

（注）Belk による「消費者状況」に関する説明および定義の英原文は次の通りである：

Situations not only differ between individuals and environments, but are also specific to a time and place of occurrence. Consumer situation has been defined as "all those factors particular to a time and place of observation which do not follow from a knowledge of personal（intra-individual）and stimulus（choice alternative）attributes, and which have a demonstrable and systematic effect on current behavior".

この説明と定義は，「状況」は消費者が行動を実施する時点や場所における特有の要因であり，その場で個人の内部に起こる属性や選択肢（たとえば提供製品）の刺激属性に関する知識からは得られないものという限定によって，前記の５特質のなかの個人消費者特質や製品提供特質が含む一般性と区別したうえで，"行動に対して明白で系統的な影響を与える"のが「状況要因」であるとしている。

消費者行動における「状況」の構成要素の２分類：

では「状況要因」にはどのような要素的次元があるというのだろうか。Belk は，「状況」もマクロ的要素とミクロ的要素から構成されるとして，マクロ的要素として「物理的周辺条件」「時間条件」「対人的周辺条件」を，ミクロ的要素として「ムード」「目標指向性」を挙げている。マクロ的要素は客観的関連現象（objective referent）として外部からの観察や操作が可能であるが，ミクロ的要素は客観的存在ではなく，また場合ごとに異なるために個人的特質や製品提供特質にもとづいて単純に予測することができないが，ただ，過去の状況や予期される状況が類似していると同じようなムードや目標指向性が生まれると仮定すれば，これらのミクロ状況的特質の効果を調べるための操作的統制が可能になるだろう，と述べている（p.5）。

消費者状況の５次元

Belk は各次元について次のように説明しているが，「状況」の構成要素はこの５次元にとどまるものでないということも述べている（pp.5-8）：

①　物理的周辺条件（physical surroundings）……外部に表れた状態として地理的および施設的な所在，事物の形状，音響，におい，他の事物や施設への接近度などがあるが，

これらは心理的な熟知性，親近性，雰囲気などに反映されることがある。具体的例示をすれば，販売効果に関連づけられる売場棚の構成，POP のディスプレイ，展示の場所，店舗レイアウト，製品の品揃えなどの店舗内条件や，施設の規模，距離，場所などのショッピング条件など，多様である。

② 時間条件（time frame）……客観的単位には特定の " 瞬間 " から " 季節 " までの広い幅がある。過去や未来の何らかの出来事（イベント）に関連する場合も多く，たとえば，直近の買い物を終えてからの時間，食事までの待ち時間や食事後の経過時間，他のイベントの開催による時間的制約，時間配分などの条件がある。

③ 対人的周辺条件（interpersonal surroundings）……他者の存在，各人の役割，相互作用の成立の程度などがあり，他者に対する知覚（たとえば，親しいか否か，ナイーブか老練か，温かいか冷たいか，批判的か受容的か，など）やさまざまな特性の感じ方やイメージなど心理的側面も関連する。

④ ムード（mood）……不安，楽しさ，敵意，熟考，興奮などがあるが，これらは音楽や劇的演出によって影響されることもある。

⑤ 目標指向性（goal direction）……消費者がその場所や時点で自分のタスクをどう見ているかを反映するもので，そのタスク要素には「選ぶこと」「買い探すこと」「購買に関する一般的または限定的な情報を得ること」などがあり，購買者・使用者としての役割の個人的認知の影響を受けている。つまり，この次元は，行動の内容と方向性についての購買者の見通し（expectation）と意図（intent）をその場で描くものと考えられよう。

　　（注）ここでは取り上げていないが，Belk（1974）は，状況要因の影響の量的な考察，状況的効果に関する一般心理学理論，消費者行動に対する状況的影響のパラダイム，今後の課題・見通し・手続き，なども述べている。

　Belk（1974）の論文は，消費者行動への影響因としての「状況要因」について体系的に論述した最初の業績であると思われるが，本節では，そのなかで筆者が必要とした部分の概略を引用した。そこからモノ探し行動の影響因としての「状況」を考察する場合に示唆されることは，

　① 環境と状況の区分，

　② 状況要因における外部的（実態的・客観的）側面と内部的（心理的・主観的）側面の指摘，

という 2 点に集約されるだろう。

Ⅱ　モノ探し行動の「状況要因」に関する既述内容

1　モノ探し行動の外部要因と内部要因

　モノ探し行動に関する筆者の暫定モデル（第3章Ⅳ参照.）ではその行動領域を二重線で囲んでいる。そして，モノ探し行動の領域へ外部から影響する一般的要因として「探し手の個人的要因」「探し手の生活状況的要因」「社会・環境的要因」を挙げ，「外部要因」と呼んで，各要因について次の特性を例示している。

　　[探し手の個人的要因]……パーソナリティ特性（一般性格検査で測定される神経質，活動性，のんきさ，心配性など），知的特性（熟慮性，計画性，慎重さ，記憶力，認知力，想像力，情報処理能力），行動自由度（ハンディキャップ度），生活意識（モノに対する愛着心・執着心，生活時間の使い方やコスト感覚，自己責任の認識の仕方，生き方における完璧主義），など。

　　[探し手の生活状況的要因]……家庭や職場などで個人生活にかかわる諸条件。日常的生活範囲（特に探索区域の親近性・熟知性），生活の繁忙度・緊張度，情報の利用可能性，居住条件（住居構造，専用空間），交通・移動環境，就業・職場条件，など。

　　[社会・環境的要因]……背景的条件として，社会的な物質価値観，遺失物に関する社会的な意識や制度などが想定される。

　これらの外部要因は，探し手や社会・環境において常態的・持続的に存在し広範囲の行動に直接的または間接的に影響するものである。

　他方，暫定モデルの二重線の内部にはモノ探し行動の構成内容を示し，その行動の要素である行為や心理的機能とともにそれらに影響する要因を位置づけている。それらを「内部要因」と呼ぶが，モノ探し行動の最初の問題認識段階で「探しモノ（失くしたこと）の認知」が「探索動機・意図・態度」などの心理的推進力の形成につながる際には「モノ（対象物）の特性の認知」と「探索状況の認識」という要因が働くことを示している。これらは，「モノの特性」と「探索状況」という外部的条件が，探し手の認知を経て，モノ探し行動の内部要因になり，当該モノ探し行動の進展に大きくかかわることを意味している。この2要因についての説明を要約すれば，次の通りである。

　　[モノ（対象物）の特性]……モノの物質的特性や生活的・使用的効用だけでなく，「そのモノが大切だ」「そのモノに価値がある」「そのモノの代替品はない」というような，探し手にとっての重要性，特別感，希少性，再入手困難性などの"心理的特性の

認知"があるが，これらの心理的特性は一般に「心理的関与度」で代表させることができるだろう。

[探索状況]……モノ探しをする"場"の自然的・社会的・構造的条件をいかに認知するかだけでなく，その探索行動自体についての経験度，困難度，負担度なども"状況"を形成するが，「見込み通りに進める」「成功する可能性がある」というような楽観的認識が促進的に働き，期待（見通し）という認知機能が重要である。

　暫定モデルでは，状況要因について，"外部要因としての生活状況"と"内部要因としての探索状況"という区別を行っているが，この二つの状況には行動の形態や意味や成果に違いがあり，それぞれを構成する内容にも違いがある。

　しかし，外部要因である諸条件の内容が特定の探索状況に関連づけられることがある。その関連づけでは，生活状況に関して見れば，たとえば「日常的生活範囲」が「探索地域の親近性・熟知性」に特化されるように，特定の探索状況で機能する即事的な内容に変換されるだろう。また，生活の繁忙度・緊張度はモノ探しの切迫度に，情報の利用可能性は探索区域に関する知識の獲得に，居住条件（住居構造，専用空間など.）は探索範囲の設定に，交通・移動環境は探索実行の迅速性に，就業・職場条件は探索時間の計画に，というように，探索に促進的あるいは抑制的に働く具体的条件に結びついて"探索状況の認識"に影響するだろう。

　さらに，外部要因である「探し手の個人的要因」や「社会・環境的要因」が「状況要因」に関連して具体的なモノ探し行動に影響する場合も考えられる。たとえば，個人的要因であるパーソナリティ特性の"心配性"や"神経質"は探し手のモノ探しを駆り立てる方向に働き，モノ探しの状況を緊迫化させることがあれば，あるいは逆に"躊躇させる方向"に働き，モノ探しを停滞させることがあるかもしれない。また，社会・環境要因である運輸交通施設もモノ探し区域の設定や移動手段の選択に関連してモノ探し行動を促進したり制約する状況になるだろう。

　状況要因はモノ探しの現場（＝探索状況）での影響力としては即事的であるが，その背後から影響する間接的要因は多様である。

2　モノ探しの「状況」に関する既述の構成内容の整理

　モノ探しに関連する状況は「生活状況」と「探索状況」に分けられるが，この分類に加えて，それらの構成内容は実態的側面と心理的側面に細分類できる。

　これを整理したのが表 4-1 である。

表 4-1　既述した「状況」の構成内容の整理

	生活状況の構成内容	探索状況の構成内容
実態的側面	情報の利用可能性 居住条件 交通・移動環境 就業・職場条件	
心理的側面	繁忙度 緊張度	緊急性 必要性 丁寧度・緻密度 リスク 困難度 （探索区域の） 　親近性・熟知性

　この表 4-1 に掲げた項目は，本書の第 1 章〜第 3 章で既述したものに限っているため偏りがあり，“生活状況×心理的側面”や“探索状況×実態的側面”の部分では大きい空白がある。

　しかし，これらの空白部分を埋めようとすれば，次のように補充することができる：

　　生活状況×心理的側面……計画性，楽観性，対人関係性，問題解決力など。

　　探索状況×実態的側面……他者との情報交換，探索区域の広さや内部構造，混雑度，探索区域へのアクセス，探索許容時間など。

　この作業を延長して，状況要因の構成内容の分類に関する一般的枠組みを構成することが課題になる場合にも，その枠組みを成り立たせる基本的条件

として"実態的側面"と"心理的側面"は欠かすことができないだろう。

Ⅲ　「状況要因」の概念と特徴

1　「状況要因」の概念について

(1)　「状況」概念の検討

Belk（1974）は，本章のⅠ-2で引用しているように，「消費者状況」についての定義を次の3文節で構成している：

① 個人的（個人の内部の）属性や刺激（選択肢）属性に関する知識からは得られないもの。
② その時点の行動に対して明白で系統的な影響を与えるもの。
③ 観察の時点や場所に特有の要因。

この定義については，本章のⅠおよびⅡでの叙述に照らして，②と③には異論がないが，①については若干の意見を述べたい。

この①の文節では「状況要因」が他の要因（Belkの体系によれば「個人消費者特質」「製品提供特質」「マクロ，ミクロの環境特質」）から独立していることを言いたいのだろうが，そのために「個人的（個人の内部の）属性 personal（intra-individual）attribute や刺激（選択肢）属性 stimulus（choice alternative）attribute に関する知識からは得られないもの」と述べている点は分かりにくい。

まず，筆者は intra-individual という英語句を「個人の内部の」と理解しているが，これは Belk 論文の性格から見れば「個人の心理的属性」を意味している（「個人の生理的属性」ではない）と考えられる。個人的属性であっても「"個人の内部に起こる"ものでない」社会的属性，デモグラフィック属性などは含まれない。したがって，Belk によれば，これらの社会的属性やデモグラフィック属性に関する知識から得られるものは「状況要因」を構成することになるのだろうか。他方，「個人の内部に起こる」ものでなくて"社会的に起こるマクロ心理現象"である評判・人気，活気，迷信・デマ，社会意識などに関する知識は「状況要因」になると考えていいのだろうか。

また「刺激（選択肢）属性」には普通「製品提供特質」の主要側面とされる

"店舗"や"販売条件"などの要素を含むのかどうか。店舗，販売条件，立地条件などは消費者には刺激（選択肢）になるため，それに関する知識は「消費者状況」を構成すると考えられるのではなかろうか。

他方，『広辞苑』を見ると，「状況」について次のように説明している：

[情況・状況]　その場の，またはその時のありさま。ある人を取りまく社会的・精神的・自然的なありかたのすべてをいう。様子，情勢。

この説明は，日常的用語としての「状況」をきわめて分かりやすく述べている。ただ，心理学的概念としては補正したい部分があるので，次に若干のコメントをしたい。

　　a.「その場の，またはその時のありさま」について……この語句は，Belk が「観察の時点や場所に関する…」と述べているのに通じるが，人の行動が発現される"現場"の空間的および時間的な"ありさま（様子）"であり，その"即事的な様子"がそこで実行される行動に影響するときに「状況要因」としての機能があると考えるのが自然だろう。

　　b.「ある人を取りまく…」について……その人にとっては外部的な要因であることを意味している。それは，対象物や環境とともに，その人を外から影響することを意味しているが，その影響の有無は受け手の認知に依存している。

　　c.「社会的・精神的・自然的なありかた」について……この文言は「ある人を"取りまく"ありかた」という"外発的条件"の内容を述べているが，"社会的"と"自然的"な外発的条件に関しては問題がないが，"精神的"という語句も外的条件を意味しているならば，それは，たとえば，社会一般の価値観・倫理観，風潮，生活意識・社会意識などと考えられ，個人の内部に起こる心理的現象を意味するものではないと理解すべきだろう。筆者は，前節Ⅱで述べているように，このような「社会的・精神的・自然的なありかた」という外発的要因が個人行動へ影響するためには，その個人の"認知"という心理的過程を経ることが必要であると考えているが（図4-2参照），『広辞苑』の「精神的」という語句には「社会的現象としての」という意味を含ませることが必要だと思う。

(2)　状況要因についての理解

　以上の僅かな検討ではあるが，ここから「状況要因」について次のように理解しておきたい：

> [状況要因]　その場の，またはその時の"即事的なありさま（有様）"。ある人が行動する特定の空間や時点における自然的・社会的な外発的条件であり，実態的側面と心理的側面とに区分される。ここで，心理的側面とは，その人が対象物を含む外部状態を認知して生じる心理的状態がその場の行動に影響する場合を言う。さらに広義にとらえれば，その人の個人的条件を特化して自己認知した心理的状態が影響する場合も含む。

　この理解によれば「状況要因」の特徴は次の諸点で表すことができよう：

(1)　特定の空間や時点での行動に即事的・一時的に影響する……普遍的・常態的に機能する特性ではなく，限定的な場面・時点（現場）でその場に応じて短期的な影響を与える要因である。そのため，場面・時点が異なれば別の特性から構成され，随時，変化する可能性がある。

(2)　特化された自然的・社会的な外発的条件である……常態的な性質である環境的条件のなかで特定の行動の現場に直接的に関連する特性が「状況」を構成するが，その特性のとらえ方には，行動現場に関連する自然状態，物質的構成，社会体系などが実態的・客観的に記述されることもあれば，それらに関する人（関係者）の印象・理解・評価などの心理的・主観的な認知の内容が着目されることもある。

(3)　対象物を含む外部状態が構成要素になる……人にとっては外部条件であるが一般的に環境とは区別される刺激対象（対象物）の特性が，その客観的属性だけでなく認知的内容も具体的に「状況」を構成することが多い。

(4)　その人の個人的条件の自己認知にもとづく場合がある……人が自分自身の実態的状態や心理的現象を認知した結果が構成要素の一部になることがある。たとえば，環境的条件との接点に当たる個人的条件（たとえば対人関係）などでは，その認知内容が状況の一部になる。

　こうした理解にもとづけば，人の行動への影響因としての「状況要因」は，環境的条件や個人的条件と並列的に位置づけられるのではなく，それらの諸

条件の認知（および自己認知）に“探索の現場状態の認知”，が加わるものである。それを，モノ探し行動の暫定モデルでは「探索状況の認識」と呼んでいるが，ここで「認識」という語句を用いているのは，個々の構成内容に関する個別的認知の総合体として成り立つ複合的認知現象を意味することを意図しているからである。

> （注：「認知」と「認識」は，英語ではどちらにも cognition が当てられるが，心理学用語としては「認知」と訳されることが多い。）

2　モノ探し行動における「状況認識」

前項の考察をふまえてモノ探し行動の過程を描くと次のようになる：

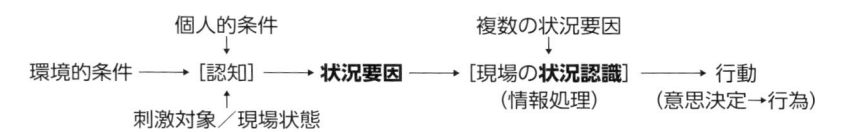

この流れ図では，状況要因の成立には「現場状態の認知」も関与することを示しているが，さらに，その個別的な認知内容から成る「特定の状況要因」だけでなく，それらが組み立てられた「複数の状況要因」が形成する「現場の状況認識（情報処理）」という機能に着目している。われわれの日常生活では，このような“その時点・場面の全体像の認識”によって具体的な行動が方向づけられているが，モノ探し行動では特に探索現場で直接的に認識する内容が重要だと思われる。

個々のモノ探し行動は突発的で一時的な現象であるが，その対象区域はある程度限定されており，その区域に関する探し手の知識にも事前に獲得されているものが少なくないだろう。類似の事態が頻繁に起きることもあり，探し手にとって新奇な経験ではないことが多い。探し手が採用する行動形態も限られており，比較的単純で，時には定型的で，概して“馴染み深い生活行動”である。このような行動では人はその身体的・精神的エネルギーの消費を抑え，“低コスト”で問題を解決しようとするだろう。

　しかし，モノ探しの対象区域や探し手の心理がこれまでと同じ状態であるとは言えない。現場のホットな状況は，程度の違いはあるが，絶えず変化している。既成の知識や過去の情報がそのままでは役立たないことがある。そこで，その探索現場で情報を求め，認識を新たにしたり修正をしながら，目的達成に直接役立つ内容だけを利用するだろう。その際，現場状況をどのように認識するかが重要であり，その内容が「状況要因」として探し手の行動に強く影響することになる。

　モノ探し行動の対象物である“モノ”の特性が「状況要因」の構成内容になることも見落とせない。そのモノの“必要性”が探索状況を生み出すということからも明らかであるが，そのモノの特性（たとえば，高級品か否か）は「その場，その時の即事的なありかた」（＝状況）を特徴づけ，探索行動に影響する。

　モノ探し行動の過程内の個々の局面においても「状況要因」が問題になり，それは「状況認識」を介して行動に影響するだろう。たとえば，モノ探しをする必要が生じる原因が「状況」にあることも多い。「探し出さないと信用を失墜する」「探し出さないと仕事に支障が生じる」などである。他方，「急いでいた」「忙しかった」「他のことに気をとられていた」「長いこと使っていなかった」など，モノ探しへの注意に影響する状況があることも少なくない。その状況には，自身が置かれていた外部状態とその場での心理的状態が含まれているが，その記憶にもとづく“状況認識”がモノ探し行動を左右するのは確かである。

　探し手にとって状況認識は探索過程のどの段階でも不可欠であるが，特に重要なのは終了段階で「転換」や「中止」の選択決定をする場合ではなかろうか。探しモノがまだ発見できていない状態で，探索区域を変えること（転換）やモノ探し行為をやめること（中止）を決定するには，そのモノ探しについての「見通し（期待）」が関連しているが，その「見通し」は「状況認識」による影響を強く受けている。

Ⅳ 「探索状況」での状況要因の構成内容

1 2方向からのアプローチ

　筆者はモノ探しの状況を「生活状況」と「探索状況」に区分しているが，モノ探し行動に具体的に影響するのは「探索状況」である。モノ探し行動の暫定モデルでは，「探索状況の認識」はモノ探し行動の領域の内部に位置づけているが，「生活状況」はその外部にある要因としていた。そのため，状況要因についての考察を進める際には，まず「探索状況」を取り上げることが必要である。

　ここでは，「探索状況の構成内容」としてモノ探し行動へ影響する事物や特性について検討したいが，その内容はすでに表4-1の「探索状況の構成内容」のなかの心理的側面とその補充として述べた「探索状況×実態的側面」のなかで触れているため，以下の記述には重複する部分が生じることをあらかじめお断りしておきたい。

　この検討では，最初に，当てはまる「構成内容」を拾い出すことが必要になるが，一般に，二つの方向からのアプローチがある。一つは，モノ探しの探索状況で影響因となりそうな事物や特性を"手あたり次第"に列挙して網羅的なリストを作り，それを整理するという手法である。もう一つは，状況要因として重要であると思われる基本的な次元を設定して，その次元を構成する内容に着目するという手法である。後者の手法では，当然，その次元の設定に恣意が強く入り込むが，影響力が弱い次元にはとらわれずに作業を能率的に進めることができる。（前者の手法でも"網羅的"であろうとする作業で"選択的意図"が働くのを避けることはできない。）

2 基本的な次元の設定と2次元モデル

　本項では，まず，後者の手法，つまり，モノ探しに影響する状況要因を特徴づける基本的な次元を設定し，その次元を構成する要素的内容を拾い出すという手続きを採る。

(1)　心理的側面への着目

　基本的な次元を何にするかについては，種々の考え方ができるが，筆者が描いている暫定モデルで，この行動に影響する条件として示している「モノ（対象物）の特性の認知」と「探索状況の認識」という二つの心理的側面に注目したい。つまり，

　　　①　第1次元として「モノ（対象物）の特性の認知」
　　　②　第2次元として「探索状況の認識」

という2次元構造で「モノ探し行動に関する状況要因」を把握したいと考える。

　ただ本節Ⅲ-1-(2)で，「対象物の認知」が「状況要因」の一部分を構成すると述べているので，そのこととの関係から付言すれば，「状況要因」の構成内容から「対象物の認知」を取り出して「対象物以外の状況の認識」と区分することを意味している。そのうえで，これらの2次元のそれぞれに心理的側面としての実質的意味を持たせると，モノ探し行動への影響の様相が理解し

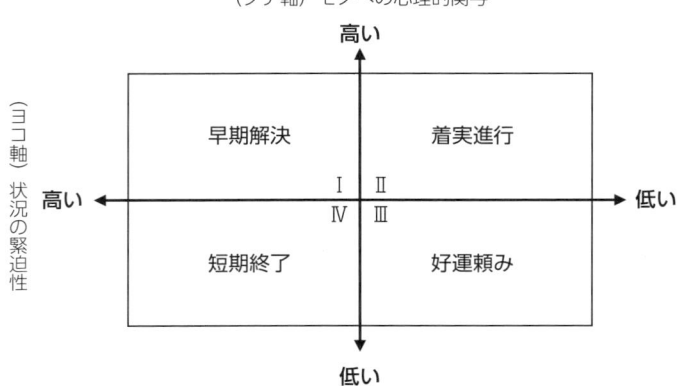

図4-3　探索状況の心理的側面の2特性（心理的関与，緊迫性）による2次元モデル

　（注）　Ⅰ～Ⅳの各タイプのモノ探し行動の特徴は次の通り：
　　　　Ⅰ［早期解決］　できるだけ早い発見を目指して精一杯努力する。
　　　　Ⅱ［着実進行］　確実に発見できるように時間をかけて実行する。
　　　　Ⅲ［好運頼み］　積極的に探索せず偶然の好運に頼る。
　　　　Ⅳ［短期終了］　直ちに開始するが発見の見込みがなければすぐにやめる。

やすくなる。

　そこで，各次元に次の意味を持たせたい：

　　　①　対象物への「心理的関与」（そのモノの重要性，愛着，必要性，など。）

　　　②　探索状況の「緊迫性」（時間的余裕がない，急がされる，慌ただし
　　　　　い，など。）

　この2特性をそれぞれ「高い vs. 低い」と2分割して組み合わせると，図
4-3に示すような2次元空間の図式モデルが構成される。そこで4区分され
たⅠ～Ⅳの各象限はモノ探し行動で想定される特徴的タイプを表している。

　この図4-3は，モノ探し行動はその場の状況要因の特性に影響され，必ず
しも“熱心に探す”という行為が採られない場合（タイプⅢ）があることを
伝えている。

(2)　実態的側面への着目

　実態的側面の特性に関しても同様のモデルを作成できる。ここでは，探索
区域の「面積（広さ）」とその「内部構造（複雑さ）」に着目し，面積は「広
い～狭い」，内部構造は「複雑な～単純な」という次元でとらえることとし，
それぞれで2分割して組み合わせると，図4-3と同じように次のⅠ～Ⅳのタ
イプが構成される：

タイプ	面積	構造	(例)	モノ探し行動の特徴（例示）
Ⅰ	広い	複雑	（繁華街）……………	計画を立てて取り組む
Ⅱ	広い	単純	（長距離通勤経路）…	ひと通り探す
Ⅲ	狭い	単純	（自宅）……………	気楽に探す
Ⅳ	狭い	複雑	（大規模商業施設）…	丹念に探す

　実態的側面は多様であり探索区域における施設・設備・事物なども多面的
であるが，それらについての探し手の認知が行動に対して決定的な影響を与
える。それらの意味づけには個人差もあり，モノ探しの進行中にその実態の
物理的特徴や社会的状態の認知が変化することもあり得るので，まさにその
場の状況に特有の認識が生まれることもあって，一般化は困難である。しか
し，実態的側面は客観的な測定が可能なところもあるので，それを記述する

ことは状況要因の理解において有効であろう。

(3)　心理的側面と実態的側面の組み合わせ

　心理的側面と実態的側面を組み合わせる場合にも同様の発想ができる。ここでは，心理的側面として「探索の見通し（明るい～暗い）」，実態的側面として「探索区域へのアクセス（難しい～易しい）」を選び，それぞれで2分割して組み合わせると次の4タイプが構成される：

タイプ	探索の見通し	アクセス		モノ探し行動の特徴（例示）
Ⅰ	明るい	難しい	………	工夫をして取り組む
Ⅱ	明るい	易しい	………	軽い気分で探す
Ⅲ	暗い	易しい	………	とにかくやってみる
Ⅳ	暗い	難しい	………	覚悟を決めて取り組む

　探し手としての筆者の経験では，実態的側面と心理的側面の組み合わせはごく自然なことである。モノ探し行動の状況要因に分析的にアプローチする場合は，最初の着眼点がこの組み合わせに向けられることが多いのではなかろうか。ただ，各側面の特性は多様であるので，モノ探しの具体的場面で影響力の強い特性を選び出すことが求められるだろう。

3　状況要因の構成内容の暫定的リスト

　モノ探しの探索状況での状況要因の構成内容に関する前項でのモデル化の3ケースでは，その特性を筆者が任意に選んでいた。他にもさまざまな事物や特性があるが，それらを網羅することはできないにしても，拾い出して暫定的に示したのが表4-2である。

表4-2　探索状況の要因の構成内容の暫定的リスト

1 「モノの特性認知」に関するもの
1-1. 実態的側面
　　形状（容積，構造，外見など）／ 品質・性能（機能，耐久性，簡便性など）／
　　所有形態 ／ 使途（目的，機会，頻度など）／ 使用者層（年齢，性，職業など）／
　　価格・費用（入手，維持など）.

1-2.　心理的側面
　　　心理的関与（重要性，愛着・好み，必要性など）／ 利便性 ／
　　　希少性（再入手難易度）／ イメージ（高級感，特別感，便益感など）／
　　　記憶（連想，追憶，記念）／
　　　シンボル性（誇示・権威・地位，集団所属，地域性，職業など）／
　　　人物表現（人格・性格，知性，感情，趣味）．
2 「状況認識」に関するもの
2-1.　実態的側面
　　　季節・天候 ／
　　　探索区域の種別（自宅・近隣地区・その他の区域）／
　　　探索区域の特徴（アクセス難易度，広さ，複雑さ，集積度，通路・街路，移動の利
　　　　　　　　便性など）／
　　　探索区域の社会的状態（繁華度・混雑度，来街者層，特色など）／
　　　探索区域との個人的関係（居住経験，利用・訪問度，馴れ方・知悉度など）／
　　　探索時間条件（許容時間量・時間帯，使用自由度など）／
　　　行動自由度（移動可能性）／
　　　社会的支援（個人的関係，制度的サービスなど）／ 情報利用 ／
2-2.　心理的側面
　　　緊迫性（緊急性，余裕感，慌ただしさなど）／ 見通し／
　　　リスク（困難さ，成否の重大さなど）／
　　　難儀感・厄介感／ 馴れ（新奇感，知悉感，解放感など）／ 楽しさ・刺激度 ／魅力／

　このリストでは実態的側面と心理的側面を区分しているが，両者の間には「実態的特性が探し手の認知を経て心理的特性になる」という関連があり，その心理的特性が状況要因として機能すると考えている。たとえば，モノ探しを"後ろ向きの行動"ととらえて「他人に知られないようにしたい」と思っている探し手による実態的側面の認知は，そう思わない人の認知とどう異なるかというような問題も，モノ探し行動における状況要因の影響を考える際の関心事の一例になるだろう。

　こうした実態的側面の認知のされ方によっては特殊な心理的特性が生まれることもあろう。そこで，実態的側面が心理的側面に変換されるメカニズムを問うことが課題になるが，それは，モノ探し行動に特有のことではなく，一般的な心理学的課題である。その認知的メカニズムの差異が生じる理由やその効果をとらえることも重要である。

第 **5** 章

モノ探し行動の「効率」

モノ探しは，通常，そのモノが必要になってから行われ，必要性を感じないの
に行われることはまずない。その行動には緊急性と負の感情があるために，探し
手は「少しでも早く見つけたい」「手っ取り早く終えたい」という気持ちで臨んで
いることが多い。こうした気持ちは，モノ探しの「効率」という問題に通じるが，
この問題は多面的に見ることが必要である。

I 「コスト・パフォーマンス」という視点

　モノ探しでの「効率」と言えば，「上手なモノ探し」「賢いモノ探し」「苦労
せずに探す方法」などと「効果的な探し方」という生活技術的な知恵を求め
られることがある。現に，本書の第1章と第2章でデータとされた情報は「探
し物を見つける方法」というカテゴリーのインターネット・サイトから得た
ものであるが，そのサイトでの情報提供は一般の社会的要求に応じるためで
あり，端的に言えば「ハウ・ツー（how to）モノ探し」という実践的生活技
術を披露する意図があるように思われる。

　こうした生活技術という観点から見れば，本書はそうした具体的要求に応
えられる実践的発想を含んでいない。しかし，その叙述内容をふまえて，モ
ノ探し行動の「効率」に関する基本的問題を考察することは必要であろう。
ただ「モノ探し」が一連の行動過程を経て「探しモノを見つける（あるいは，
見つけられない）」という結果に至ると見るとき，その過程の全体から生み出
される「結果」までの"内容"をふまえて「効率」を把握しなければならない。

　こうした問題にできるだけ分かりやすい論理でアプローチしたいが，その
ためには「コスト・パフォーマンス（cost performance）」の枠組みで考え

るのが適切ではなかろうか。

> （注）「コスト・パフォーマンス」は「投入される費用や努力に対する成果の割合」（『広
> 辞苑 第4版』）を意味しているが，元の意味に即して「費用対効果」と訳されるこ
> とも多い。しかし，本書では「コスト」も「パフォーマンス」も経済的意味だけで
> なく身体的・心理的・時間的・社会的な意味を含むものと考えているので，コスト
> を「負担」，パフォーマンスを「成果」と訳すことにし，その英和両方の語句を用
> いている。このような「コスト」と「パフォーマンス」の2語を合体した「コス
> パ」という略語が作られて「お得感」「値段と釣り合っている」というような意味
> で日常的に用いられている。巧みな使い方だとは思うが，本書では「コスパ」とい
> う語句は用いない。

Ⅱ　モノ探し行動における「効率」

1　コスト・パフォーマンスの枠組みによる「効率」のとらえ方

⑴　コスト・パフォーマンスの多元性

コスト・パフォーマンスの枠組みで「効率性が高い」というのは「コスト
（負担）に対するパフォーマンス（成果）の割合が高い」ことである。

モノ探し行動で「効率性が高い」ことは「短時間で発見する（＝完了する）」
を意味することが多いが，それだけでなく「できるだけ楽に」「費用をかけず
に」「他人の世話にならずに」などの意図を果たしつつ完了することである。
言うまでもなく，そうした意図があっても「探しモノが見つからなかった」
という結果に終わっては意味がない。その行動のパフォーマンス（成果）と
して「探しモノを発見すること（＝完了）」がなければ「効率的」とは言えな
い。つまり，この問題では「パフォーマンス」は最終的に「失くしたモノが
発見される」という具体的成果が得られることを不可欠の条件にしており，
そのうえで何らかの経済的・心理的なベネフィットが得られることである。

コストの多様性

一般に，どんな行動でも遂行するためには「コスト（負担）」がかかるが，
モノ探し行動では主に次の4種類のコストがまず必要だろう：

① **身体的コスト**… 身体的労力の投入であり，その程度は行動の量と質でとらえられ，移動距離や探索面積などの物理量で表すことができる場合があるが，苦労感や疲労感も間接的な測度になり得る。

② **心理的コスト**… 努力度や心労度に代表されるが，知識や技術の適用など問題解決的なものもあれば，不安・緊張・焦り・苦労などの低減を図る緊張解消的なものもある。

③ **時間的コスト**… 時間投入量であるが，投入行為の性質（たとえば，それが主目的で行われるのか否かという違いや，連続的か間欠的かという構成面の違いなど）も関連する。投入時間量の認知には，その物理（客観）量だけでなく，付随感情や目的意識などの心理（主観）的側面も影響する。

④ **経済的コスト**… 金銭的支出や物質的消費量であり主に客観的金額で表されるが，その心理的評価・印象も測度になり得る。

さらに，これらに付帯したり派生する社会的コストもある：

⑤ **社会的コスト**… 他者（個人，組織など）の支援を求めたり外部情報の提供を受ける場合に生じ，その内容には上記①～④のコストが重なっている。「占い」や「まじない」などの呪術的方法の利用では他者に依頼することが多く，通常このコストを伴う。

　重要なことは，これらのコストには補完的あるいは代替的な関連があり，たとえば，経済的コストをかける（増やす）ことによって身体的コストや時間的コストを低減できる場合も多く，逆に経済的コストを節減するために他のコストが膨らむ場合もある。こうした相互関連性を考えると，これらの個別的コストを単独にとらえるだけでなく，それらを“総和（あるいは集積）”した全体的コスト（トータル・コスト）が問題になる。トータル・コストの把握では，モノ探し行動は多段階的に構成されていると見られるため，各段階でのコストの発生を考慮する必要がある。

パフォーマンス

　「パフォーマンス（成果）」は第一義的には「目標を達成すること（つまり，失くしたものを発見すること＝完了）」であるが，副次的には多元的な性質のものが含まれている。「探しモノを発見する」ことには，そのモノを失うことによる金銭的損失を回避できるという経済的利得が伴うが，さらに，そのモノへの愛着や必要性を断念しなくてもいいという安心感，探索努力の傾注に対する見返りとしての達成感など，集約すれば「満足感」と表現される心理的側面も関連している。また，対人的信用失墜を回避するというような社会

的側面が含まれる場合もある。そのため，パフォーマンスの全体像を把握する場合にも異質的な諸側面の程度（量や強さ）を"総和"することが問題になるが，その際，われわれの行動では「成功すれば，それまでの苦労を忘れる」とか「失敗すると，損失感が大きい」というように，パフォーマンス（成果）がコスト（負担）に影響するという関係もあるので，個別的なパフォーマンスの"単純総和"で片づけることができないという問題も生じる。

異質的要素の総和

　こうしたコストやパフォーマンスの多元的性質を考えるとき，"総和"についてはそれぞれに含まれる異質性を越えた"共通尺度"を適用することが求められる。それには，たとえば「その際には苦労した」，「要した時間が長かった」「かかった費用が多かった」というように異なる負担面を「心理的コスト」へ変換するという手段を講じることによって，「心理的尺度」で数量化された多元的性質の"量的総和"を導き出すのが妥当な方法であろう。つまり，コスト査定やパフォーマンス評価という"認知"に収斂させて，探し手の心理的現象の測定や比較を行うのである。この問題へのアプローチは心理学的作業になる。

(2)　多段階的なモノ探し行動

　モノ探し行動のパフォーマンスでは「探しモノを発見した（＝完了）か，否か」ということが最終的には重要であるが，その最終的成果はいろいろな潜在的成果の蓄積のうえに成り立っている。

　つまり，モノ探し行動は「問題認識⇒探索意思決定⇒実行（開始→探索）⇒終了」というプロセスで成立しているので，その各段階で，諸コストが投入され，パフォーマンスがあると考えられるからである。各段階を構成する諸行為については，第3章Ⅳで示した暫定モデルにまとめられている。

　このモデルの各段階での成果（パフォーマンス）は必ずしも明白ではない。「問題認識ができた」「探索意思決定ができた」「実行できた」「終了できた」ということは，それぞれ"下位目標の達成"であるから"成果"であり，それをふまえて生起する「次の段階に進行できた」ことも"成果"になるだろう。

そして，終了段階での「完了」という"最終的成果"を得るためには，各段階で「次の段階に進行する」ことが不可欠であるので，それらは「潜在的（あるいは，手段的）成果」と呼ぶことができるだろう。

　他方，コストはより顕在的である。特に所要時間である「時間的コスト」ははっきりしており，「心理的コスト」もとらえることはできる。実行段階での「身体的コスト」は体験内容で表されるし「経済的コスト」を投じる場合にはその金銭量は把握可能である。

　したがって，「コスト」は経過段階でも多面的であっても比較的顕在的であるのに対して，「パフォーマンス」として具体的なのは最終的な「完了（＝目標達成）」とそこで生じる経済的利得（損失回避）や心理的満足感が主であり，経過段階での成果の多くは潜在的になる。

2　モノ探し行動におけるコスト

(1)　探索過程の各段階におけるコスト

　どの段階の行動でも時間を要するので「時間的コスト」は共通要素になる。同様に，「心理的コスト」も必要で，すでに保持している知識や経験だけでなく，新たに考えたり調べたりする知的労力もその一部になるし，さらに不安や焦燥などの負の感情を低減する必要があればその緊張解消努力も「心理的コスト」に加わるだろう。他の「身体的コスト」「経済的コスト」「社会的コスト」などは，モノ探し行動の過程のなかで異なるかかわり方をする。その概要を第 3 章Ⅳの暫定モデルにもとづいて考えてみたい。

<u>問題認識の段階</u>

　失くしたことに気づき探しモノ（対象物）を認知した場合，その探し方を考える前に「いつ，どこで，なくしたか」を思案するに違いない。その状態を深刻に感じれば，無視できない「心理的コスト」が生じる。その際，失くしたと思われる場所や関係する人に連絡して，そのモノの所在を尋ねるかもしれない。そうした情報収集には「社会的コスト」を要し，連絡・通信のために「経済的コスト」がかかることもあろう。ただ稀には，初めから探すことをしないこともあるだろうから，多少の「心理的コスト」を要するだけにと

どまる事態もあり得る。

探索意思決定の段階

　この段階では「心理的コスト」が特に大きいことが特徴になるが，それが「時間的コスト」の増大を招くこともあるだろう。いろいろな選択過程が含まれており，その際には知的労力の投入が必要になるが，「迷い」や「躊躇」などとともに「不安」や「焦り」などの負の知的・情緒的負担を低減することも「心理的コスト」の発生につながる。こうしたコスト負担は“探し方の選択”によって違いがあり，「衝動型」では相対的に小さく，「（意思決定）慎重型」や「試行錯誤型」では大きいだろう。

　他方，「呪術的方法の利用」では，そこに至るまでに「心理的コスト」や「時間的コスト」がかかっていると想像されるが，直接的には「経済的コスト」を必要とし，外部の個人・組織の支援を得ることによる「社会的コスト」も付加されることになろう。

実行の段階

　この段階では「身体的コスト」が特に顕著になる。これまでの2段階では知的・情緒的な機能への依存が大きかったが，ここでは実行行為が中心になるからである。

　もちろん，その実行行為に伴い「時間的コスト」の負荷が生じるし，さまざまな知的機能や情緒的経験が生じるので「心理的コスト」も増大する。交通機関や通信手段が利用される場合には「経済的コスト」も加わるだろう。さらに，探し手には外部から情報や支援を得ることで生じる「社会的コスト」が必要になる場合もある。

　「呪術的方法の利用」では，それ自体が「占い師」や「まじない師」に頼る行為であるため「社会的コスト」を要することになる。また「経済的コスト」が直接的に必要になり，かりに呪術を利用するかどうかで迷うようなことがあれば，「心理的コスト」「時間的コスト」を要するだろう。

終了の段階

　モノ探し行動が「完了」して探しモノが発見されれば最終的成果を得ることになり，「コスト・パフォーマンス」についての結論を得る条件が揃う。し

かし，そのパフォーマンスと比較されるのは，この段階でのコスト負荷だけ
でなく，それまでのコスト負荷の全体（トータル・コスト）である。

　終了の別の形である「中止」では成果が得られないので，それ以前のコス
ト負荷は無駄になってしまう。ただ「ここまでやったのだから…」という納
得感や「これ以上努力してもコストが増えるだけ…」という“理由づけ”も
あり得るので，パフォーマンスとの関係は複雑にならざるを得ない。その「中
止」が一時的な休止であって，再開される場合には，新たなコスト負担が生
じることになる。「転換」では成果を得られるか否かの判明が延期されること
になるが，実行は継続され，さらにさまざまなコストの負荷が，小規模であっ
ても，必要になる。

(2)　段階間移行時に生じるコスト

　段階間の移行は状況による差異が大きい。連続的に移行することが多いだ
ろうが，間隔が置かれることもある。そこでは，モノ探しを続けるか否かを
迷うこともあれば，そのままスムーズに次の段階に進むこともある。共通し
て「時間的コスト」と「心理的コスト」が関連するが，その程度はさまざま
であろう。

(3)　トータル・コスト

　このように，モノ探し行動の各段階で必要とされるコストは，それぞれの
段階での行動的特徴を反映して，きわめて多様なものになる。上述の(1)と(2)
の記述をまとめて示すと表 5-1 のようになるだろう：

表 5-1　モノ探し行動の各段階と移行時に関連するコスト要素（仮説）

（↓は段階移行を意味し，●は強く関連する，○はやや強く関連する，を表す。）

コスト 探索段階	身体的	心理的	時間的	経済的	社会的
問題認識の段階		●	○		
↓		○			
探索意思決定の段階		●	●		
↓		○			
実行の段階（開始）	●	○	○		
↓		○			
実行の段階（探索）	●	●	●	○	
↓		○			
終了の段階		●			
呪術的方法の利用		○	○	●	●

　そのうえ，これらのコストを把握する量的単位に行動量，心理量，時間量，金銭量などがあるので，これらを直接的に比較したり総和することはできない。そのため前述（2-(1)）のごとく，何らかの"共通単位"を持った測定量に変換することが必要になる。つまり，"コスト負担感"を示す「心理量」で共通尺度を作り，この心理量で多段階から成るモノ探し行動のトータル・コストを求めるのが現実的である。

　しかし，その全体量を求めるために多元的コストを「しらみつぶし」的に把握することには多大な心理的エネルギーを投入する意味がないことも多い。

　ところが，ふだん，われわれは複雑な課題をより扱いやすい単純なものに変換し，直感的に行う簡便な判断方略を日常的に採っている。この簡便方略は「ヒューリスティックス（heuristics）」と名づけられているが，多少の見落としや歪曲があっても，近似的な解を得るための実用的で合理的な判断の仕方になる。

　このヒューリスティックスによってモノ探し行動のトータル・コストを把握する方式には，大別して次の2タイプがある：

① 　**［多元的累積］**　コストを構成する多段階的で多面的なコスト要素を積み上げる積算法

である。しかし，コスト要素が多数になると，実際的には相当複雑な作業になるので，そのなかで関連度が特に強いコスト要素のいくつかにもとづいてトータル・コストを成立させる簡便方略を採用することになる。この方式で形成されるコスト負担感は「コスト認知」と称することにする。

②　[総括的印象]　コスト要素の積み上げは直接的には行われず，それらがまとまった全体印象による総括的なコスト感を持つ方略である。モノ探し行動の諸段階で投入された多様なコストに直接依存するのでなく，その行動過程の最終段階でのトータル・コストを問題にする。モノ探し行動の完了に伴う最終的な認知結果として成り立つパフォーマンス感に対応させるとき，それに見合うレベルのトータル・コスト感に着目することには意味があると考えられる。この方式によるコスト負担感は，①の「コスト認知」と区別するために「コスト意識」と称する。

　この2タイプのトータル・コスト（感）の成立は，“ヒトの顔の認知”や“人物に関する印象形成”などからも類推できよう。「顔の認知」では，①顔の要素である額，目，鼻，口，顎などの諸特徴をいちいち吟味して，それらの個別的特徴やその全体的バランスからイメージが形成されることもあれば，②一目見て直感的にイメージが形成されることもある。また「人物に関する印象形成」でも，①相手の身体的特徴や行動のさまざまな側面の個別的印象を積み上げて全体的印象を形成することもあれば，②僅かな特徴から直感的に全体像を作り上げることもある。このような①多元的累積や②総括的印象は，われわれの日常生活の多くの場面でよく経験することであるが，モノ探しのコスト感の成立にも当てはまるだろう。

　トータル・コストの形成にあたって，段階別コストは，多元的累積方式か総括的印象方式かで，異なる働きをすることになろう。

　多元的累積方式では，各段階でのコストを対象にしたヒューリスティックスが行われて，トータル・コストが形成されるだろう。その際，実行段階（探索）で関連コストの範囲が特に広いために，この段階での負担感が全体評価に強く影響することが考えられる。

　他方，総括的印象方式では，段階別コストの影響は間接的であると思われ，どの段階別コストが有力であるかは予測しにくい。ただ，特に強い影響を与えた単独コストがない限り，一般的には，実行段階（探索）のコストの複合的影響が強いと思われる。

Ⅲ　日常生活での行動コスト

1　モノ探し行動の経験的特徴と低コスト指向

(1)　モノ探し行動の経験的特徴

　日常生活でのモノ探し行動を見てみると，次のような特徴があるのに気づく：

　　1)　"小さなモノ探し"が多い：　大抵の場合，心理的価値や経済的価値が低いモノについて行われる"小さなモノ探し"である。そのためパフォーマンスとしての"利得"が小さいので，投入するコストも小さくなる。

　　2)　頻繁に行う行動である：　日常生活で頻繁に行うこと（反復的）であり，対象物や探索状況が異なっても新奇な経験（＝問題解決）とは感じられないため，慎重に取り組まなければならないという意識が希薄である。

　　3)　日常生活の"すき間"で行われる：　日常生活では定期的に行う"柱になること（重要な行動）"があるが，モノ探しは問題が発生した時に"対処的"に行う"臨時的"なことである。そのためコストは投入されにくい。

　　4)　「やむを得ず行うこと」で楽しいことではない：　できれば「やりたくない」ことであり，回避したいことである。そのため，モノ探しは気おくれを感じたり，イライラしながら行うことも少なくない。

　　5)　できれば他人に知られたくないことである：　探し手にとって「誇らしい行動」ではなく，場合によっては「信用失墜」につながるかもしれず，できれば他人に知られたくないことである

　　6)　状況への依存度が高い：　対象物の性質はもとより，その探しモノを必要とする生活的・社会的状況や探索現場の状況によって，その行動は大きく異なる。

　　7)　探し方は生活技術として教えられない：　生活的な問題解決行動でありながら，それが"技術"として教えられることはなく，学習機会はまずない。"手を洗う"や"挨拶する"などは「正しいやり方」という形の説明や指導が行われることがあるが，モノ探しについてはその人の知恵や"やる気"にまかされている。

　これらの項目を整理すると次のようになる：

　　ａ．1)"小さなモノ探し"が多い，2)頻繁に行う行動である……要するに「生活雑事」である。

　　ｂ．3)日常生活の"すき間"で行われる……日常生活の"本流"を左右するものではない。

　　ｃ．4)「やむを得ず行うこと」で楽しくない，5)できれば他人に知られたくない……目立たないように行いたい。

　　ｄ．6)状況依存度が高い，7)生活技術として教えられない……探し方の標準

的方法はない。

　どれも，その行動の遂行には「コストをかけたくない」という "低コスト指向" を促すものであろう。そこで，ふだんのモノ探しでは「短時間で探し出す」「楽に見つけ出す」「費用をかけずに完了する」など低コストで終えることが求められることになる。

　トータル・コストの把握方式に関しても，前節Ⅱ-2で述べた二つの方式のうちで，①多元的累積方式よりも，②総括的印象方式による場合が多いのではなかろうか。②の方が低コストだからである。①多元的累積方式による「コスト認知」のように "綿密な計算" が必要だとその情報処理それ自体に心理的・時間的なコストがかかるが，②総括的印象にもとづく「コスト意識」では簡便に対応することができる。つまり，二つの方式の間には認知負荷の違いがある。たとえヒューリスティックスによるにしても，表5-1で示した●の「強く関連する」と考えられるコスト要素だけでも，その数は少なくはないので，多元的累積方式にかかる認知負荷は相当大きいものになる。他方，総括的印象方式では，多元的な個別的コスト感の査定と累積が意識的には行われないので，認知負荷は格段に小さくなる。

(2)　限定的なパフォーマンス

　モノ探しでの最大のパフォーマンス（成果）は「失くしたモノを発見すること」であるが，それを成し遂げられても「元の（失くする前の）状態に戻る」だけである。普通は「失くしたモノ＝発見したモノ」の経済的価値は失くする前とほとんど変わらず，形状・機能の劣化もあまり生じないことが多いだろう。つまり，そのモノの探索に大きなコストを投入しても，あまり投入しなくても，そのモノの実体的価値は変わらない。そのモノを探し当てた場合の心理的価値（達成感，安心感などを含む満足感）には投入コストに見合うだけのものがあるかもしれないが，そうした心理的ベネフィットを求めてモノ探しをするわけではない。このようにパフォーマンスが限定されているので，そのモノ探しに投じるコストを増やしたくないのは自然なことではなかろうか。「手っ取り早く済ませたい」という時間的コスト低減の意向が強

くなったり，時には「頑張り甲斐がない」という心理的コスト削減に傾くことがあるのは避けられないだろう。

　このように，モノ探し行動そのものの特徴に加えて，そのパフォーマンスの性質も低コスト指向を誘導していると思われる。そして，モノ探し行動の効率，つまりコスト・パフォーマンスは，こうした「低コスト指向」を内包して成り立っていると考えられる。

2　日常生活行動でのコスト認識

　われわれは日常生活で行う無数の行為について，コストをどれほど認識しているだろうか。相当の苦労をしなければならない場合（身体的・心理的コスト），非常に長時間を要する場合（時間的コスト），多額の金銭支出を伴う場合（経済的コスト）など，高コストの投入が必要な生活場面は確かに存在する。

　たとえば，物品購入の場合に，そのための支出額（経済的コスト）に見合う機能や品質（パフォーマンス）を備えているかどうかを考えることは購買意思決定の中核を占めている。ただ，この場合の多くは "対象物である商品（モノ）" についてであり，そのモノの "買い方（行為）" を問題にしていることは少ないだろう。

　　筆者は以前に「買探しコスト」という概念を示して，買探し（売手間比較のショッピング）をするためには，買い手は「金銭的支出」のみならず「時間」「労力」「心理的負担」などを費やす必要があると述べて（佐々木，1969b），「買探しを拡大した結果として予想されるコストの増加分」（限界コスト）よりも「買探しの結果として期待し得る節約額（＝商品単価の低下分×買おうとする数量）」が大きい場合には買探しが行われると説明していた（p.251）。ここでは，「買探しコスト」の多元性に触れていながら，パフォーマンスの内容を「期待し得る節約額」という経済的側面に限定しているが，続く考察では「消費者の行動は経済的，金銭的な報酬だけを追求するものではなく，心理的，精神的な報酬（優越感，達成感を例示）をも求めており，今日では，後者の報酬を指向する行動の重要性の増大が問題である」という指摘は行っている（p.252）。また，その後発表したショッピング行動に関する小論（佐々木，1980b）では，経済的・金銭的な報酬を求める「買探し」は合理的購買行動の側面であるとし，その側面をも含んだ「ショッピング行動」には広い生活心理的機能があるとして，レジャー的要素が少なくないことをふまえて，その動機は次の5カテゴリーに集約されると述べている：① 買い手としての役割を果たす，② 好奇心や知的欲求を満たす新情報を求める，③ 気分転換や楽しさを経験し欲求不満を解消する，④ 店舗や売場での他者との人間関係から社会的所属

感を強め自己確認の機会になる，⑤ 匿名的な場面で自由に振る舞うことで解放感を味わい可能性を試すことができる。こうした社会心理的動機を満たすことが報酬であり，買い手としてのパフォーマンスに含まれる。

　日常生活行動の重要領域でコスト・パフォーマンスを考えさせる問題として「買探し，ショッピング」は好例であると言えるが，上記の筆者の分析ではコストについての考察が不足している。その分析を深めるためには，まず，買い手がその行動のコストとパフォーマンスをどのように認識しているかを理解する必要がある。同様の傾向は，日常生活行動のより広い範囲で見られるのではなかろうか。たとえば，われわれが日々繰り返している「食事（食行動）」を見ると，それが多段階的で多様な行動から成り立っていることが分かるが（佐々木，1972c），そのトータル・コストとパフォーマンスについての認識は多様性に富んでいることが推測される。筆者は，現在のところ，この問題にアプローチできていないが，消費心理学的課題として興味深く，また重要な内容であると考えている。

終　章

心理学的課題としてのモノ探し行動

　筆者は，人間の行動は「心の働き」が介在している限りすべて心理学的課題になると考えているが，そこには，過去 60 余年間の心理学との触れ合いが関連しているだろう。その経験は，日常生活行動に関する諸テーマへの取り組みから成り立っている。筆者の心理学研究の経過を振り返り，「モノ探し行動」を課題とする意味について述べたい。

I　心理学研究への筆者の取り組み

1　矢田部達郎監修『心理學初歩』で学ぶ

　「心理学は人間の精神的行動についてその法則に関する体系的知識を獲得しようとする科学である」

　この一文は筆者が大学 1 年次（1954 年）で受講した心理学の教科書『心理學初歩』（矢田部達郎監修，創元社，1951 年刊）の序論「心理學とは何か」の冒頭に書かれていた矢田部達郎先生（当時，京都大学教授. 1958 年没）による「心理學の定義」である。

　高校生活を終えたばかりであった筆者は，この定義に「精神的行動」という耳慣れない言葉があり，さらにその精神的行動についての「法則」に関する体系的知識を獲得しようとする「科学」というような自然科学的な感じの語句があるのにきわめて斬新な印象を持ったことが，心理学に興味を感じた端緒であった。

　矢田部先生の筆になる序論には，この点についての明快な説明があった。その要旨は次のようである：

　　心理学は心をその実態においてとらえようとするものではなく，その働き（つまり，

機能）においてとらえようとする。いかなる場合にいかなる変化が起るかという関係法則を見出すことはあらゆる科学の目的であるが，この変化を「行動」と名づける。人間はいかなる場合にいかなる行動を示すかということには「身体的」と「精神的」という二つの面があり，身体的行動法則を明らかにしようとするのが生理学で，精神的な行動法則を明らかにしようとするのが心理学である。生理学や心理学ではある刺激が有機体に働くときいかなる反応を示すかということが問題とされ，実際の研究においては，ある一定の条件を組織的に変化して，それに対応して行動（現象）が規則的に変化することが見出されれば，条件と行動（現象）との間を関数関係の式で表すことができる。こういう操作を条件分析と名づけ，こういう式を法則という。この関係を，ウッドワァス（R. S. Woodworth）はS→O→Rで記述し（Sは刺激 stimulus，Oは有機体 organism，Rは反応 reaction or response を意味する .)，またレヴィン（K. Lewin）はB = f (P, E）で表現した（Bは行動 behavior，Pは人 person，Eは環境 environment，fはある関数を意味する .)。要するに，心理学の方法は，まず条件分析法による資料的法則の探究から出発して，その事実による検証と，さらにそれらの法則の理論的体系化を行うところにある。

　筆者は，こうした実証的方法論で人間の心を研究する心理学に惹かれて，学部と大学院修士課程では「時間知覚」の実験を行うとともに，いろいろな領域（知覚，学習，記憶，思考，感情，人格，態度，集団，コミュニケーションなど）の具体的テーマに関する実験・検査の被験者の経験を数多く重ね，統計学や数理解析の技法を学んで，心理学の道を歩むようになった。

2　筆者における心理学研究

(1)　マーケティング・リサーチの実務的経験

　大学院修士課程を修了してマーケティング・リサーチの仕事に就くことになった。製品開発，流通，販売，広告，需要予測など幅広いマーケティング課題に関する調査・分析を経験するなかで，現場の業務に大学で学んだ心理学の方法論を適用する分野として最適なのが「消費者の生活・購買行動」であると考えて，受託するリサーチ課題のなかに心理学的問題意識を入れるように努めた。

　たとえば，新開発を計画中の大衆車の市場規模の予測，新発売が企画されている小型瓶ビールに対する選好や飲用意欲の把握，各種公共料金の共同収集事業に対する消費者受容の調査，近隣型商業集積の活性化に関する住民の期待の分析，広告の経済効果の行動的側面の実証分析，等々，心理学的アプ

ローチを導入したものは少なくない。

　こうした実体験に加えてアメリカの消費者行動関連の論文や専門書を読み漁り，この領域での心理学的分析が十分に成り立つことを，1965 年に著した『消費心理学入門』（講談社ブルーバックス）に書いた。

　この本は一般書ではあるが，「消費心理学への期待」という最終章を設け，その役割として二つの方向を述べている。一つは「消費者の購買行動をささえる条件を見出して，その効果を測り，その知識にもとづいて消費者の行動を予測する」（p.226）ことであり，もう一つは「現代に生きる消費者を人間として眺め，その生活について考える」（p.235）ことであった。前者はミクロ的行動分析であり，後者はマクロ的現象分析であるが，その後の筆者の消費心理学研究の枠組みになった。

　実務的な調査経験を重ねるなかで，消費者のさまざまな行動に関して心理学的アプローチが成り立つという実感を持ち，それを心理学の基本的方法論にもとづいて実施すればある程度のレベルの研究的成果を得ることができるという認識も生まれてきた。そうした認識は，消費者行動や商品販売活動の特定テーマに関する文献研究に努めたことで補強された（佐々木, 1964, 1965b, 1966, 1967, 1970, 1971, 1972ab.）。

⑵　購買態度の実証的分析

　7 年間の実務的経験を経て 1967 年に関西大学に移籍したときにも「消費者行動の心理学的分析＝消費心理学」の領域で仕事を続けることを考えていた。消費者行動についても広範囲で心理学的アプローチが可能であるという信念は保っていたものの，研究者としての個性を発揮するためには課題領域を絞ることが必要だと思うようになり，1970 年代には「購買態度の実証的分析」をテーマとした研究発表を行うようになった。購買態度を消費者（ヒト），商品（モノ），店舗（ミセ），商業地域（マチ）の 4 側面から分析することを主な関心事としたが，その成果を論文にまとめて学位（1985 年 京都大学文学博士）を取得し，さらに『購買態度の構造分析』（関西大学出版部, 1988）として出版することができた。

　しかし筆者が消費者行動に関するテーマで学会発表をしたり論文を書き始めた頃には，この領域で研究する心理学者はごく少数であった。たとえば日本心理学会の大会プログラムで単独の研究部門として扱われないのが普通であったが，筆者には，まず，消費者行動の心理学研究の意義が広く認知されることが重要であると考え，ワークショップの機会を作りつつ，購買態度の分析を続けていた。

　他方で，わが国での「広告に対する消費者反応」についての分析は 1940 年代後期にはコピー・テストやリーダーシップ・サーベイをテーマとして盛んに行われるようになり，1950 年代には心理学者による実証分析の結果が日本心理学会の大会でも発表されるようになっていた（佐々木，1991）。ただ筆者自身が広告活動や広告表現の受け手である消費者の意見・態度の分析結果の発表を始めたのは 1970 年代に入ってからであった。

(3)　旅行者行動

　『旅行者行動の心理学』（関西大学出版部刊）を 2000 年に上梓した。その執筆動機は，わが国では観光旅行が盛んに行われているが，観光旅行者の行動に関する心理学的研究は未開拓に近い状況にあると考えたからである。1995 年 1 月〜 3 月の在外研究でオーストラリアのジェームス・クック大学に滞在した機会に欧米諸国のツーリズム研究に関する資料を収集し，帰国後にそれらの論文や図書を整理し，心理学的な領域設定を検討しながら，1996 年 3 月から『関西大学社会学部紀要』に 8 編の展望論文を発表した。これらの一連の論文に旅行者行動研究の枠組みを述べた終章を補足して体系的体裁をととのえたのが上記書である。この領域の心理学研究が未発達であるにもかかわらず，発展可能性が大きいことを強く意識した内容になっている。ただ，同書が研究者向きの学術書であるという評価を受けることが多かったので，この領域に関心を寄せる学生・院生を中心により多くの読者からの一般的理解を得たいと考えて，その後『観光旅行の心理学』（北大路書房，2007．2021 年に電子書籍化）を著している。

⑷　振り返ると

　筆者は，大学で心理学研究の基礎的訓練を受けたのち，マーケティング・リサーチの実務のなかで雑多な課題への心理学的アプローチを試みたが，その後取り組んだ消費者行動や旅行者行動に関する心理学研究は未開拓な領域での仕事であった。

　この経歴が，心理学研究としては新規な課題に取り組むことに躊躇や抵抗を感じないセンチメントを作っている。「モノ探し行動」を課題とすることについても，その分析の心理学的意義をまったく疑っていないし，むしろ，思うまま自由に取り組めることに面白さを覚えている。

3　「モノ探し行動」に関する小論の方法論的立場

⑴　心理学的知見としての位置づけ

　人間行動に関する心理学的知見には多様な内容があり，その知見の心理学的研究における位置づけや評価に関する視点や分類軸もさまざまある。「モノ探し行動」という新規なテーマを取り上げる場合にまず注目されるのは，その知見が「理論的か，実践的か」という視点であろう。つまり，

　　　理論的＝知識として論理的で整合性を持ち演繹的に適用できる，
　　　実践的＝具体的な状況での行動への指針となり問題解決に役立つ，

という点でどちらの内容かという問題である。もちろん「理論的，かつ実践的」という知見もある。

　また「記述的か，説明的か」ということも一般的な問題になる。それは，

　　　記述的＝実証的分析や合理的考察にもとづき行動現象を描写・記録・体系化する，
　　　説明的＝何らかの心理学的理論にもとづいて行動現象を分析・理解・評価する，

という論述のどちらの傾向にあるかを指している。

　そして，これら二つの視点を組み合わせると，知見の特徴として次の4タイプが成り立つ：

　　　Ⅰ：　理論的×記述的
　　　Ⅱ：　理論的×説明的
　　　Ⅲ：　実践的×説明的
　　　Ⅳ：　実践的×記述的

「モノ探し行動」に関して本書で述べてきた小論の性格を見てみると，「Ⅰ：理論的×記述的」のタイプに該当すると考えられる。つまり，

① 理論的か，実践的か……「モノ探し行動」について多面的な考察を行い，その行動の体系的把握のための枠組みをモデル化しているところから「理論的」ではあるが，それを現実的な生活技術として役立てることは意図していないので「実践的」とは言えない。

② 記述的か，説明的か……「モノ探し行動」に関する諸行為を体系的に関連づけたモデルを構成し，その行動の全体像を描写しているところから「記述的」であるが，その行動を何らかの心理学的理論にもとづいて合理的に理解することを意図していないので「説明的」とは言えない。

(2)　筆者の研究スタイルの踏襲

「理論的×記述的」という方法論は，筆者が長年取り組んできた心理学研究のスタイルでもある。

筆者の研究の中心的課題である「購買態度の構造分析」では実証的な作業に力を注いでいるが，その主テーマである「購買態度の基本的次元」の抽出は現実的な購買態度の特性を実証的に体系化したもので，既存の心理学的理論に依拠するものではなく，また，その基本的次元の測定尺度として構成した「REC スケール」は消費者行動研究の一技法として利用されることを期待しているが，現実の消費者の購買行動の改善に資することを意図しておらず，生活実践上の貢献については不確かである。

さらに後年取り組んだ「旅行者行動」はいわゆる文献研究であって，内外の実証分析や考察内容を総覧して観光旅行者の行動に関する包括的モデルを提示しているが（佐々木，2000，2007），その過程で種々の心理学理論を参照したものの特定の心理学理論によって説明したものではない。むしろ，観光旅行者の行動に関する独自の概念を導入し，既成の心理学理論の適用を避けようとしている。しかし，その試みが，新しい心理学理論を構築するというレベルに達していない。他方で，その知見がそのままで旅行者の実践的要求に応えられる部分は限られている。

　モノ探し行動に関する筆者の論述は，こうした研究スタイルを踏襲している。

・・

Ⅱ　「モノ探し行動」の心理学的研究の展望

1　モノ探し行動に関する心理学的研究の枠組み

(1)　心理学的方法論の適用

　心理学的研究としての「モノ探し行動」の意義は，この問題への取り組みでいかなる心理学的方法論が適用されるかということが基本になる。ここで「方法論」というのは，本章の冒頭で引用した矢田部先生の『心理學初歩』での「心理學の定義」の趣旨に即したアプローチのことである。その際のデータ収集や解析などに関する具体的技法の高度化や緻密度は副次的な問題である。データの収集や解析を実際に行う“現場”の研究的条件はさまざまであるので，その“現場”に最適で最善のアプローチをすることを心掛け，そこで心理学的方法論の“基本”に沿った手続きを踏むことが重要である。

　　筆者の経験では，マーケティング・リサーチに取り組み始めた初期には，データ収集では「聞き取り」に努め，データの分析では回答の頻度比較やクロス分析に終わることが稀ではなかった。統計分析の理論は学んでいたが，計算ツールはそろばんや計算尺が主で，せいぜい手回し計算機を使うことができるだけの“現場”では，高度な検定理論を活用することは難しかった。そのレベルの作業でも，人間行動に関する意味のある情報を得て，仮説を示すことができ，具体的なマーケティング・アクションを提案することもできた。たとえば，1960年代初期に行ったものとして「メラミン化粧板の家具・壁材など家庭利用への可能性」「ドイツ製超小型手動計算機クルタの日本市場での実用性」「板材に代わる塩化ビニール硬板の市場性」などが記憶に残っている。他方で「建築資材のコンクリート・パイルの需要予測」を依頼された場合には，経済統計学的手法により，大型建築や土木工事の着工統計にもとづき多次元回帰方程式を作ったこともあった。

　モノ探し行動についての心理学的研究でも採られる心理学的方法のレベルや手続きはさまざまであろう。筆者としては，どのような形でも調査・研究の結果が具体的に発表されることを期待している。その分析のために何らかの手がかりと枠組みを示すことが必要だと考えるので，本書の各章で叙述し

てきた内容を総括する意味で，第3章Ⅳで示した暫定モデルに「探索状況要因」（第4章のテーマ）と「コスト・パフォーマンス」（第5章のテーマ）を補完した"包括的モデル"を図終-1に示して，考察を進めたい。

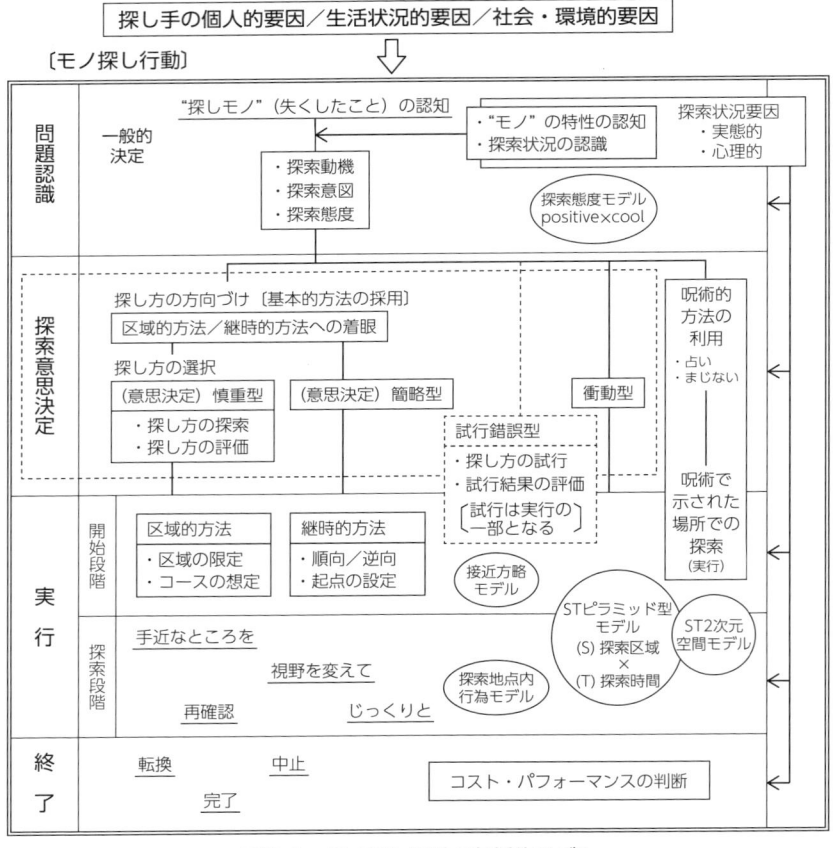

図終-1　モノ探し行動の包括的モデル

（注）このモデルは，第3章で示した暫定モデル（図3-9）に部分的な追加をしたものである。第4章での検討から「探索状況要因（実態的，心理的）」とその影響を示す矢印が，また第5章での考察にもとづいて「コスト・パフォーマンスの判断」が，加えられている。

(2) モノ探し行動における心理学的課題

　この包括的モデルは探索意思決定過程の"流れ"に沿って構成されているが，その各段階での探し手の行為に関心を置き，その行為の特徴を把握するための部分モデルも併記している。そのなかから取り出される心理学的課題を以下の6分野で概観したい。

① 問題解決過程，意思決定過程

　モノ探し行動は問題解決行動の一種にほかならない。『新版 心理学事典』は，問題解決を「知覚の再体制化」とする見解，「刺激と反応の連合の階層構造が変化し，ある特定の反応が起こりやすくなること」とする見解に加えて，「探索の過程」とする見解があると述べ，第3章Ⅲで述べた通り，その過程を次のように説明している（p.790）。

> 問題解決とは探索の過程であるとする見解に立てば，「問題」とは，すでに存在している状態と，要求されている状態との差異のことであり，すでに存在している状態からいくつかの変換を繰り返すことによって，要求されている状態にたどりつくことが問題の解決である。その途中の段階では，いくつかの選択の可能性があり，問題空間　problem space はいわば情報処理の迷路のような構造になっているが，その迷路を探索し，選択し，評価する過程を明らかにすることが問題解決の研究であると考える。

　モノ探し行動は，まさに，この「探索の過程と見る問題解決」に該当する現象である。そして，問題の解決にたどりつく途中の段階にはいくつかの行為選択の可能性があるので，成功の可能性の高い選択肢（行為）を探索し，選択し，評価する段階を通過することが心理的機能の中核を占めているが，この機能は意思決定過程ということができる。

　つまり「モノ探し行動」の基本的性質は，全体的には問題解決過程であり，その中核的機能は意思決定過程である。こうした理解にもとづいて図終-1の包括的モデルは構成されている。

② 認知，情報処理

　問題解決行動や意思決定の基礎になる心理的機能は「認知」であり，モノ探し行動の遂行でもその機能が多段階的かつ多面的に働いている。ここで「多段階的かつ多面的」というのは，「認知」という機能には広範囲の知的活動が含まれており，それらが統合された情報処理活動としてモノ探し行動をとら

えることができるからである。

　『新版　心理学事典』では「認知」は次のように説明されている（pp.657-658）。

　　認知とは知覚，判断，決定，記憶，推論，課題の発見と解決，言語理解と言語使用の
　ように，生体が自らの生得的または経験的に獲得している既存の情報にもとづいて，外
　界の事物に関する情報を選択的にとり入れ，それによって事物の相互関係，一貫性，真
　実性などに関する新しい情報を生体内に生成・蓄積したり，外部へ伝達したり，あるい
　はこのような情報を用いて適切な行為選択を行なったり適切な技能を行使するための生
　体の能動的な情報収集・処理活動を総称していうことばである。

　モノ探し行動は身近で具体的な認知心理学的課題と言うことができる。特
に，モノ探しの“現場”での記憶再生や注意力などは，その手がかりとの関
連を含めて，実際的テーマになるだろう。

③　動機・意図・態度

　これらの心理的要因は，人が行為やその対象物に対して形成する内的選好
性であるので，あらゆる人間行動で機能するものと考えられる。これらの要
因に関する心理学的研究では，いかなる特性がどのように影響するかという
疑問について，広範囲で多種類の特性について仮説検証的なアプローチをす
ることが多いが，モノ探し行動に関しては，その範囲や種類が比較的限定的
で，それだけに具体的な課題設定につながるのではないかと思われる。「動
機」については，経済的損失の回避が主たるものであり，付帯的に社会的損
失や心理的ダメージの軽減を考えることが多いのではなかろうか。「意図」に
ついては，その探索行為に対して積極的か消極的かという側面が中心になり，
それが失くしたモノの発見可能性の「見通し expectation」に関係している
という筋書きを描くことができる。「態度」については，さまざまな特性の関
連を予想することができるが，図終-1 の包括的モデルでサブモデルとして示
している「探索態度モデル」の 2 次元（positive, cool）は実態的な裏付けを
得やすいだろう。

④　行動領域の内部要因と外部要因

　心理学研究で分析対象となる行動の範囲には単一行為から関連行動領域ま
での幅があるが，その行動範囲を限定する必要があることは言うまでもない。

　筆者のモノ探し行動へのアプローチでは，図終-1 の包括的モデルで二重線に囲まれた比較的広い範囲が該当するが，その領域の内部には具体的な行為や心理的現象に影響する多様な要因がある。それらは，大別すれば，その領域内で影響を及ぼす「内部要因」と領域外から影響する「外部要因」になる。前者は，探索動機・意図・態度や探索意思決定の方略などであり，後者は，二重線の外にある探し手の個人的要因，生活状況的要因，社会・環境的要因などである。さらに，本来ならば外部要因である環境的条件や個人的条件の一部が，行為者の認知を経てその行動に独特のかかわり方をする内部要因になる場合もある。この種の内部要因には，モノ探し行動の場合，包括的モデルで「探索状況要因」と呼んでいるものがあるが，外部要因が実質的に影響する場合にはこの種の認知的変換が行われる。

⑤　行為選択とその成果の判断

　人が能動的に行動する場合には，大抵，目的達成につながる可能性が高いという"見通し"を伴っている行為を選択する。モノ探し行動における行為選択の成果は「失くしたモノを発見する」ことに集約されるので，それにつながる行為選択や影響要因に関する認知の機能は限定的であり，比較的シンプルなコスト・パフォーマンスの原理にもとづいているのではないかと思われる。

⑥　心理学的モデルの構成

　行動現象の心理学的理解のためには何らかの理論的モデルを構成することが有効であると考えているため，本書ではモノ探し行動の考察にあたって種々の図式モデルを提示してきた。その行動の全体的理解のためには包括的モデルを，また，その内部に関しては部分モデルを構成している。これらのモデルの当否を検証することは具体的な課題になるが，モノ探し行動の心理学的分析に可視的な貢献を果たすことができると思っている。

(3)　生活心理的経験

　「モノ探し行動」への心理学的アプローチは，筆者の包括的モデルが描いているような"意思決定過程"あるいは"合理的問題解決過程"という観点から

だけでは不十分であろう。それは，この行動には次のような特徴があると思うからである：

　誰もが経験することである：
　　程度の違いはあるだろうが，老若男女を問わず誰もが経験する行動である。日常生活を維持するために避けられないことであるが，"生産的"とは言えないためか，むしろ目立たないように行われることが多いと思われる。その行動的意味にはかえって興味をひかれるのではなかろうか。

　多様な情緒的経験を伴っている：
　　モノ探し行動では，探し手はさまざまな"感じ"にとらわれる。不安，焦り，いらだち，迷い，後悔，諦め，失望，安堵，確信，喜び，達成感など，多様である。対象物の特性や探索状況の様子によって異なるとはいえ，探索の問題認識から終了までに経験する感情や印象は単純ではない。その情緒的経験が合理的問題解決行動と共存し影響し合っていると思われる。

　負の感情が伴うことが多い：
　　モノ探し行動は"なんとかしなければならない行動"である。その行動は，探し手にとって短期的には必要度・緊急度の高い場合が多いが，探し手には重要でも他者には共感できないこともある。そのため探し手には「こっそり行いたい」という気持ちも生じ，「恥ずかしい」という負の感情が伴うこともある。"時間の無駄づかい"とか"うまくいっても元に戻るだけ"というような非生産的心情がつきまとう行動でもある。

　対人関係に影響する場合がある：
　　対人関係に関連して，成功しなければ困ったことになる場合がある。その行為を「こっそり行いたい」というのは，他人に迷惑をかけたり，責められたり，信用失墜を招いたりすることと無縁ではない。そうした"負の対人関係"を回避することが求められる。

　呪術的方法の利用もある：
　　「困った時の神頼み」という超人的幸運に希望をつなぐ場合もある。これが，"根拠のない俗信"なのか，"伝統的な信仰"なのか，解釈は分かれるだろうが，日本社会に通底する精神構造と無関係ではないだろう。それだけに"俗信への依存"と単純に断じることはできないのではないか。

　「終わり良ければすべて良し」でもある：
　　モノ探しが成功すれば，それまでのプロセスがどうであれ，「良し」とされることが多い。そのパフォーマンスがコストを帳消しにする行為であるとも言える。

　こうしたことは，われわれの経験的事象として興味あることだろう。そのため，生活心理的課題として取り扱う意味があるのではなかろうか。

2　モノ探し行動の生活機能

　「モノ探し行動」の生活機能は，物品の不所持の状態から所持の状態に戻す活動であり，特定の物品の所在が分からなくなった"欠損状態"を正常化することを意図した活動である。より一般的に言えば，生活上の機能の弱体化

や欠落を補正する「回復活動」に含まれる。こうした回復活動には，環境の機能正常化を図る場合もあれば，身体・生命の機能正常化を行う場合もあり，それぞれにおいて，その機能の欠落が生じたための対応策として正常化が必要な事態が発生してから行われることもあれば，その発生を予想して「予防的に」行われる回避活動もある。いずれも生活の安全や快適を保つために必要な活動である。

　それらの生活活動の分野は次のように例示することができる：

　ａ．機能正常化が必要な事態が発生したために対応策として行う回復活動

a-1. 環境の機能正常化を行う場合
　　モノ探し，借用，購入．
　　掃除，洗濯，修理・修繕，ごみ処理．
　　庭の手入れ（除草，散水，剪定など）
　　仲直り，謝罪・許容，損害弁償．
　　名誉回復・地位保全．

a-2. 身体・生命の機能正常化を行う場合
　　病気治療，リハビリテーション．
　　休憩・休息．
　　睡眠，入浴，身体の手入れ，排泄．
　　食事・水分摂取，調理．

　ｂ．機能正常化が必要な事態の発生を予想して予防的に行う回避活動

b-1. 環境の機能正常化を予防的に行う場合
　　整理・整頓，衣替え．
　　学習，計画立案．
　　防火・防災・警備，保険加入．
　　土地整備（宅地・道路・田畑など）．
　　人間関係維持，情報交換．

b-2. 身体・生命の機能正常化を予防的に行う場合
　　薬剤常備，栄養剤摂取．
　　健康管理・健康診断，予防注射．
　　節制，規則的生活．
　　トレーニング．

　これらの行為は，それが行われることによって他の生活行動の正常化が進んだり一般的な生活状態の維持や拡充が促されるという「補完的機能」を果たしているが，それ自体が独自の生活機能を果たしていることは言うまでもない。したがって，その補完的機能だけでなく独自的・本来的機能にも関心を寄せ，それに対する研究的意義を認めることができる。「モノ探し行動」には補完的機能が求められることが多いが，だからと言って，その研究的意義が変わるものではない。

3　データ収集の実証的方法について

⑴　モノ探しの行動的特徴

　モノ探し行動が心理学的課題であるならば，そのデータ収集のための実証

的アプローチを考える必要があろう。その際，それぞれの課題に対する適切な方法を採るために，あらかじめ「モノ探し行動」の性質や特徴について整理しておきたい：

① 問題発生の状況：　失くしたり落としたことに気づくのは，その時点からあまり時間が経っていない場合が多い。
② 行動の"現場"：　日常生活の場であることが多いが，そうでなくても，少なくとも1度は行ったり通過したところであるため，まったく未知のところではない。ただし，その場所がどこかについての記憶には濃淡の差があり，おおむね曖昧なことが多いため，その場所が複数になることもある。
③ 対象物：　過去に所有したり身近に置いていたモノが多く，普通は未知のモノではない。また，対象物に対する心理的関与度（重要度，関心度，必要性など）には差があるが，必ずしも他者の心理的関与度と同程度であるとは限らない。
④ 探し手にとっての固有性：　対象物の形状や探索場所（＝失くしたり，落とした場所）を探し手以外の他者が想定することは難しいことが多く，そのため探し手自身の記憶が特に重要になる。
⑤ 反復性・親近性：　対象物や場所が変わるにしても，行動自体はふだん繰り返し行われており，まったく新奇の経験ということはない。
⑥ 社会的影響：　探し手自身の心理的関与度とは別に，その行動をせざるを得ない社会的な要請や批判がある場合も多く，このことがモノ探しの必要性や緊迫性に関連する。

こうした特徴を考慮しつつデータ収集方法について考えることになる。

(2)　データ収集法について

観察

　基本的には追跡観察という手法になるが，探し手の行為への影響を排除してその振舞いを記録することにはかなりの困難が伴うだろう。あからさまな同行者による観察記録の作成は，探し手に不自然さを感じさせたり防御姿勢をとらせる可能性がある。とりわけ，探し手がモノ探しに負い目を感じている場合には自分の行動を他人に観察されることは面白くないだろうし抵抗感が生じるかもしれない。観察者が"傍観者"になったり"協力者"を装うことには探し手とのふだんの人間関係が関係するだろうから，一般的な手法として用いることは難しいのではないか。モノ探しでは探し手が探索場所を移動することもあるので，観察者には注意と忍耐が求められ，その心理的・時間的コストの負担が高くなることは避けられないだろう。離れた距離からカメラ撮影を行うことも考えられるが，探し手にはその映像を見て行為の内容の

記憶を再生してもらうなどの補強手段が必要になるだろう。

実験

　実験的方法では仮想的状況での模擬的なモノ探しの形をとることになろう。心理学的実験では，普通 " 実験者 " があらかじめ設定した状況や条件を " 被験者 " に経験させて反応を得る。その状況や条件はすべての被験者にとって同程度に理解され意味づけされることが望ましい。その " 共通性 " を作り出すために，課題解決を求める場合はもとより，単純反応を引き出す場合にも，実験条件は全被験者にほぼ同程度の親和性・熟知性があるように配慮し，そのために仮想的な設定をすることもある。他方，われわれがふだん行うモノ探しは，未知の課題に取り組んだり新奇な冒険をするのとは異なり，探し手の記憶にもとづいて解決に至るものである。その課題に対する探し手の親和性・熟知性は概して高い場合が多いが，他者との共通性は一様でない。探し手自身にも課題状況に関する記憶に濃淡があり，対応の仕方もさまざまである。そのため，モノ探し行動について実験的方法を適用しようとすれば，あたかも「宝探し」のような人為的な条件を設定することになるだろう。「宝探し」における人間行動を把握することも探索行動分析であり，特定地点内での行動を理解することに役立つであろう。ここで「プロトコル分析」（課題を遂行中の被験者に自分が何を考えているのかを口頭で逐一報告させる方法．［無藤・森・遠藤・玉瀬，2004. p.137］）が採れれば，探し手の心理的側面への接近が期待できる。また，紙上実験も考えられないわけではないが，あたかも知能検査や適性検査のような状態になることもあり得るので，実際的でないのではなかろうか。

調査

　他方，調査的方法には期待することができる。基礎的課題については一般的な質問紙調査による態度や意見を調べることによってほぼ明らかにできる項目が多いが，具体的行為に関してモノ探しの細部の実態を知ることが必要な場合が少なくないので，たとえば，直近のモノ探し行動の経過についての自発的言語報告や日記式自由作文の内容分析が考えられよう。

まとめ

　このように見てくると，モノ探し行動を自然な形で把握することには相当のコスト負担を伴うことが想定される。モノ探しの"現場"での行動観察では遠距離からのカメラ撮影には期待できるが，同行観察には不自然さが生じるのは避けられない。そこで，"現場"から離れるが，実験的には仮想的なモノ探し状況を設定して被験者（探し手）の行動を記録することが考えられるが"不自然さ"が伴うのは避けられない。探し手の直近のモノ探しから行為を「再生」してもらう調査的手法は課題接近への有効性があると思われるが，その際，探し手にとって制約のない自発的な「再現」ができるようにすることが重要だろう。

あとがき

　私たちのふだんの生活のなかでもありふれていて些細な行動である「さがしもの」について心理学的にどんなことが考えられるか，という一種の好奇心が本書を生み出しました。また，その作成の過程では，このテーマに関する先行研究を調べることをせず，ただ自分の発想の赴くままの考察を展開してきました。このように自分勝手な取り組みを，関西大学社会学部紀要に「研究ノート」として9稿にわたり発表させていただきましたが，そのうえ，関西大学出版部から刊行していただいたことは，当初の「好奇心」の産物としては望外のことです。

　出発点が「好奇心」であったのは大事なことだと思いますが，その後このテーマでの小考を続ける気分は，まさに「さがしもの」のようでした。このテーマにふさわしい論点や考察の素材を自分の知識と経験のなかから探し出すことが作業の大きな部分を占めていたからです。本書を読んでいただく方々には，その記述には私の主観が随所に表れていることを感じられると思いますが，もともと「研究ノート」というカテゴリーのなかで執筆していたものであったことでもあり，比較的気楽に書く気分も少なからず混じっていたと思います。

　さらに本書では「さがしもの」に関して一般的な興味をひく二つの問題について触れていません。一つは「モノ探し」をしなければならなくなる原因です。つまり，私たちは「失くし物」「落とし物」「忘れ物」などをなぜするのか，という問題です。もう一つは「モノ探しの効果的な方法」という具体的な生活技術の問題です。これらの問題について論述することには私の力が及ばないからですが，「さがしもの」を体系的に考察するためには必要な問題領域であることは認識しています。

　その反面で，本書が当初の予想を超える大部なものになってしまったことも好ましいとは思っていません。この点について言い訳をすれば，「モノ探し行動」というテーマの"新しさ"のためにアレコレと頭に浮かんでくる話題について考えてみたいという気持ちから，下世話に言えば"自分なりに始末をつけたい"という気分に押されて，コンパクトに記述することや中途半端に終わることができなかったわけです。

　しかし，本書の執筆においては常に研究的姿勢で臨んだつもりです。将来，日常生活行動への心理学的関心がさらに深まり，「さがしもの」に関しても興味を抱く研究者が現れることを期待していますので，先行研究の一つとして参照されることを望んでいるからです。

　消費者行動や旅行者行動に関する心理学的研究の体系化を目指してきた筆者は，

その領域が未開拓であることは魅力的であるという実感を得てきましたが、「さがしもの」についても多面的な取り組みができる問題であると思っています。私は、この領域への「試掘」を行ったつもりですが、より本格的な「発掘」が行われることを待ち望んでいます。

2025 年 1 月

佐々木 土師二

文　献

荒俣宏・小松和彦（1991）　世界を読み解く「占い」と「まじない」．高橋洋二・足立恵美・小古瀬恭子編『占いとまじない』別冊太陽（平凡社刊）No.73, Spring 1991. 4-10.

Belk, Russell W. （1974）　Situational influence in consumer behavior. Faculty Working Paper. College of Commerce and Business Administration, University of Illinois at Urbana-Campaign. July 25, 1974.

板橋作美（2004）　『占いの謎：いまも流行るそのわけ』文春新書412.

警視庁（2018）　『遺失物取扱状況』（インターネット発表による.）

無藤隆・森敏昭・遠藤由美・玉瀬耕治（2004）　『心理学』有斐閣.

内閣府政府広報室（2016）　『"遺失物に関する世論調査"の概要』（インターネット発表による.）

NHK放送文化研究所（2016／2020）　『2015／2019国民生活時間調査報告書』（インターネット発表による.）

NHK放送文化研究所（2018）　『第10回「日本人の意識」調査：結果の概要』（インターネット発表による.）

佐々木土師二

（1964）　スーパーマーケットの事例研究：商勢圏と客単価を中心として．（社）流通問題研究協会　モノグラフ2号.

（1965a）『消費心理学入門』講談社ブルーバックス.

（1965b）信用購買における消費者行動．（社）流通問題研究協会　モノグラフ8号.

（1966）　クレディット・カード．（社）流通問題研究協会　モノグラフ16号.

（1967）　商品類型論．（社）流通問題研究協会　モノグラフ22号.

（1969a）買い手行動と心理的要因．田内幸一編『買い手行動の構造』日本生産性本部（現代マーケティングの構図2）. 37-55.

（1969b）流通問題としての消費者行動論．深見義一・佐藤肇・田島義博編『流通問題入門』有斐閣. 235-253.

（1970）　ブランド・ロイアルティ（上・下）．（社）流通問題研究協会　モノグラフ35・36号.

（1971）　衝動買い．（社）流通問題研究協会　モノグラフ46号.

（1972a）価格意識．（社）流通問題研究協会　モノグラフ59号.

（1972b）価格の精神物理学．（社）流通問題研究協会　モノグラフ60号.

（1972c）行動科学からみたこれからの食生活．食品工業，第15巻第15号. 53-58.

（1974）　消費者行動．宇野政雄編著『新マーケティング総論』実教出版. 273-296.

（1976）　購買態度の基本的次元の分析：合理性と情緒性．関西大学社会学部紀要，第7巻第2号. 39-64.

（1979）　消費者からみた小売商業集積の魅力. （社）流通問題研究協会　モノグラフ80号.

（1980a）消費者行動研究の新展開：F. M. Nicosia の「消費社会学」. 関西大学社会学部紀要，第11巻第2号．99-142.

（1980b）女性のショッピング行動：魅力的なマチづくりのために.『女性市場』日本ビジネスレポート（市場研究シリーズ No.1）　309-322.

（1984）　衣生活における消費者行動. 繊維製品消費科学，第15巻第11号．69-72.

（1988a）多品種少量化と消費者行動の変化. マーケティング・ジャーナル（日本マーケティング協会），第8巻第2号．8-16.

（1988b）『購買態度の構造分析』関西大学出版部.

（1991）　広告心理学の展開. 関西大学社会学部紀要，第22巻第2号．75-107.

（1993a）社会的行動の「プロセス」にどう迫るか. 日本社会心理学会第34回大会論文集（東京大学）. S32-33.

（1993b）消費者の態度構造と意思決定. 日本消費者行動研究学会 第7回消費者行動コンファレンス・シンポジウム資料.

（2000）　『旅行者行動の心理学』関西大学出版部.

（2003）　時間使用調査における生活行動の分類：「時間消費の心理学」に向けて（3）. 関西大学社会学部紀要，第34巻第3号．205-257.

（2007）　『観光旅行の心理学』北大路書房.

（2018）　"モノ探し行動" についての小考：「ST ピラミッド型モデル」の提案. 関西大学社会学部紀要，第50巻第1号．75-88.

（2019a）"小さなモノ探し" の行動論的分析："モノ探し行動" についての小考（2）. 関西大学社会学部紀要，第50巻第2号．79-90.

（2019b）モノ探しにおける具体的行為とそのモデル化の試み："モノ探し行動" についての小考（3）. 関西大学社会学部紀要，第51巻第1号．31-45.

（2020a）モノ探しにおける呪術的方法："モノ探し行動" についての小考（4）. 関西大学社会学部紀要，第51巻第2号．91-108.

（2020b）進行過程としてみるモノ探し行動："モノ探し行動" についての小考（5）. 関西大学社会学部紀要，第52巻第1号．81-91.

（2021a）モノ探し行動の包括的モデルと検討課題："モノ探し行動" についての小考（6）. 関西大学社会学部紀要，第52巻第2号．115-132.

（2021b）モノ探し行動における「効率」について："モノ探し行動" についての小考（7）. 関西大学社会学部紀要，第53巻第1号．169-184.

（2022a）モノ探し行動における状況要因："モノ探し行動" についての小考（8）. 関西大学社会学部紀要，第53巻第2号．119-144.

（2022b）心理学的課題としてのモノ探し行動："モノ探し行動" についての小考（9）. 関西大学社会学部紀要，第54巻第1号．119-148.

佐々木土師二・長尾治明（1977）　購買態度からみた商品特性：因子得点による6次元的分析. 関西大学社会学部紀要，第8巻第1号．203-240.

島田裕巳（1991）　占いの真偽：現代・占いの社会学. 高橋洋二・足立恵美・小古瀬恭子編

『占いとまじない』別冊太陽（平凡社刊）No.73　Spring 1991. 143-149.

主婦と生活社編（2008）　なくしたものを探すなら失物占.『秘伝　江戸の占いとおまじな
　　い：永代大雑書萬歴大成抄』　20-22.

総務省統計局（2016）『平成 28 年社会生活基本調査報告』（インターネット発表による）

杉本徹雄（2012）　消費者の意思決定過程.　杉本徹雄編『新・消費者理解のための心理学』
　　福村出版.　第 3 章, 39-55.

わだ へいさく（1994）　図説「呪術」ガイド：望みをかなえる呪符・法印・呪言.　『呪術：
　　禁断の秘法』別冊歴史読本　特別増刊（新人物往来社刊）第 19 巻第 26 号.　256-287.

矢田部達郎監修（1951）『心理學初歩』　創元社

<u>インターネットによる資料</u>
　探しものを見つける方法（具体的行為 10 サイト／呪術的方法 10 サイト／占い 10 サイト）
　なくし物を見つける方法（おまじない 10 サイト）

　他に『新版 心理学事典』（平凡社）はじめ、『広辞苑』（岩波書店）、『日本語大辞典』（講
談社）、『精選版 日本国語大辞典』（小学館）、『角川国語辞典』（角川書店）、『明鏡 国語辞
典』（大修館書店）、『岩波国語辞典』（岩波書店）、『故事ことわざの辞典』（小学館）　等を
参照しました。

索 引

著者略歴

佐々木 土師二 (ささき　としじ)

履歴

1936 年	京都府生まれ
1951 年	京都府竹野郡下宇川村（現：京丹後市丹後町）間人中学校宇川分校 卒業
	京都府立桃山高等学校 入学，1954 年 同校 卒業
1954 年	京都大学文学部 入学，1958 年 同学部哲学科心理学専攻 卒業
1958 年	京都大学大学院文学研究科 進学，1960 年 同研究科修士課程心理学専攻 修了
1960 年～1967 年	日本リサーチセンター，流通問題研究協会などで消費者行動の調査研究に従事
1967 年	関西大学社会学部専任講師，同学部助教授を経て
1977 年	関西大学社会学部教授，2005 年 定年退職
2005 年	関西大学名誉教授
1985 年	京都大学文学博士
2014 年	秋の叙勲で瑞宝中綬章 受章

主要著書

「消費心理学入門」 講談社，1965 年刊
「購買態度の構造分析」 関西大学出版部，1988 年刊
「旅行者行動の心理学」 関西大学出版部，2000 年刊
「観光旅行の心理学」 北大路書房，2007 年刊

モノ探し行動の心理学

2025 年 1 月 28 日　発行

著　　者　　佐々木　土師二

発 行 所　　関西大学出版部
　　　　　　〒 564-8680 大阪府吹田市山手町 3-3-35
　　　　　　TEL 06-6368-1121（代）/FAX 06-6389-5162

印 刷 所　　株式会社 遊文舎
　　　　　　〒 532-0012 大阪府大阪市淀川区木川東 4-17-31